Jürgen Becker · Didi Jünemann
Frühstückspause

0.50

KIWI Köln

Über das Buch

Manche freuen sich die ganze Woche darauf, in vielen Büros sorgen sie und ihre Themen jeden Freitag für Gesprächsstoff: die Frühstückspause – eine bissige und unterhaltende Zwischenmahlzeit auf WDR 2, früher jeden Freitag um 9.45; seit 1.3.2001 um 10.50 Uhr.

Seit über zehn Jahren nun erfreuen Jürgen Becker und Didi Jünemann die Hörer mit Kommentaren zu hochaktuellen Themen der Woche. Die beiden Kabarettisten spielen sich die Bälle geschickt zu, bringen Ungereimtheiten auf den Punkt oder werfen auch einmal ein ganz neues Licht auf eine Sache. Ob Fußball, Klatsch und Tratsch von den Royals, Klüngel in der Politik oder Alltägliches – immer finden Becker & Jünemann den richtigen Ton, sind immer wieder »nah dran am Ohr des Volkes«.

Die Autoren

Jürgen Becker, geboren 1959 in Köln, Kabarettist und Moderator der »Mitternachtsspitzen« im WDR-Fernsehen und Autor zahlreicher Bühnenprogramme, lebt in Köln.

Didi Jünemann, geboren 1952 in Göttingen, Schauspieler und Kabarettist, verschiedene Bühnen-, Funk- und Fernsehproduktionen, u. a. »Stunksitzung«, »N. N.-Theater«, lebt in Köln

Gabriele Balkhausen, geboren 1958 in Köln, studierte Germanistik und Geschichte, arbeitet heute als freie Redakteurin für das WDR-Fernsehen und als historische Fachberaterin für Beckers Bühnenprogramme und Bücher, lebt in Köln.

Jürgen Becker und Didi Jünemann

Herr Jünemann
Frühstückspause
Ja, Herr Becker, ich komme

Herausgegeben von Gabriele Balkhausen

KIWI Köln

1. Auflage 2001

Umschlaggestaltung: Joachim Kubowitz, Köln
Umschlagfoto: Ilona Klimek, Köln
Satz und Layout: Greiner & Reichel, Köln
Druck und Bindearbeiten: Ebner, Ulm
ISBN 3-462-03507-X

Inhalt

Vorwort

»Daheim und unterwegs« hieß die Sendung, in der Jürgen Becker und Didi Jünemann vor über zehn Jahren zum ersten Mal live und öffentlich frühstückten – sogar öffentlich-rechtlich: im »U-Punkt« auf WDR 2.

Da frühstücken sie immer noch jeden Freitag – auch wenn die Sendung längst »Westzeit« heißt, auch wenn der »U-Punkt« jetzt aus einem gläsernen Digitalstudio kommt, wo man nicht mehr so krümeln und rumsauen kann wie früher. Denn da hatten die Studiotische viele kleine Löcher (aus Schallschluckgründen), da fiel der verschüttete Kaffee nicht so auf …

Nee, Quatsch. Die Tassen sind echt, aber der Kaffee ist stilles Wasser. Die Brötchen sind echt, aber Didi und Jürgen haben immer die Krümel weggewischt. Notfalls in die Löcher.

Am echtesten aber war immer das, was sie zu sagen hatten. Mit vollem Mund und aus vollem Herzen und mitten aus dem Leben. »Frühstückspause« – das steht für den kleinen Satirehunger zwischendurch. Immer aktuell, immer aus der Perspektive der kleinen Leute, die vielleicht schon oft auf den Arsch, aber noch nie auf den Kopf gefallen sind. Die sich ihren Reim machen auf die Ungereimtheiten der hohen Politik und dabei in trockene Kornknacker beißen

– der Käse wird ja frei Haus geliefert. Käse von Volksvertretern, Wirtschaftsbossen und Sportfunktionären, Käse von den danach benannten Blättern, deren Überschriften gern laut vorgelesen werden beim Kaffee in den Behörden und Fabriken und Agenturbüros und Lehrerzimmern. Bis auf einmal, kurz vor zehn – »pssst, Ruhe! Frühstückspause!«

Ein Ritual beim WDR 2-Publikum, wie wir wissen. Ein Ritual auch bei den beiden Kabarettisten. Sie kommen mit einem kleinen Aluköfferchen, in dessen Schaumstoffinnenleben sie eigenhändig passende Löcher geschnitten haben für Tassen und Löffelchen und Thermoskanne (damit das Wasser nicht warm wird).

Und dann setzen sie die Kopfhörer auf und klappern mit den Löffelchen und kauen auf den trockenen Brötchen und schneiden eigenhändig kleine Löcher in den Mantel der Geschichte. Damit man den Käse besser sieht.

»Herr Jünemann, Frühstückspause.«
»Ja, Herr Becker, ich komme.«

Georg Bungter
WDR Unterhaltung Hörfunk

Frühstückspause

25.09.1992

Briefträger

Becker: Sagen Sie mal, Herr Jünemann, wat meinen Sie eigentlich, wie viel verschiedene Völker et auf der Welt gibt?

Jünemann: Ja gut, wie viel, ich glaub, en paar hundert werden da schon zusammenkommen.

Becker: 3 000.

Jünemann: 3 000, wat, ist dat wahr? So viel doch.

Becker: Ja, aber es gibt nur ungefähr 180 Staaten, und jetzt müssen diese 3 000 Völker da rein, in diese lächerlichen 180 Staaten.

Jünemann: Dat is ja dann klar, dass sich das mischen muss, da kann ja nicht jeder separat im eigenen Staat …

Becker: Und wenn sich das nicht mischt, dann gibt das auch Probleme; nehmen wir doch mal zum Beispiel die ehemalige DDR.

Jünemann: »Wir sind das Volk« – Wir sind aber auch ein Volk!

Becker: Eben! Jetzt haben da in den neuen Bundesländern ja viele, nicht alle, aber schon viele Ausländerhass. Das Problem ist nur, die haben kaum Ausländer. Nur 1 %, die müssen die da richtig suchen. Stellen Sie sich mal vor, Sie sind leidenschaftlicher Skifahrer und wohnen mitten in der Westsahara.

Jünemann: Jetzt brüllen die aber immer: »Ausländer raus.«

Becker: Ja, der Ausländer ist für die an allem schuld, an der Arbeitslosigkeit, an der Wohnungsnot, am Finanzdebakel, an der vermurksten Wiedervereinigung, an der CDU, da ist der Ausländer schuld dran. Dat leuchtet zwar nicht ein, ist aber ne klare Sache.

Jünemann: Nu stellen wir uns mal vor, die Ausländer sagen: »Jut, ihr wollt uns hier nicht haben, jut, dann gehen wir.« Und im Nullkommanix sind alle Ausländer fott. Ja und dann?

Becker: Sind die Probleme immer noch da, sogar noch ein paar erhebliche dazu. Wer ist denn dann an allem schuld? Wohin mit dem Hass?

Jünemann: Is et doch der Deutsche? Aber welcher?

Becker: Der Behinderte ist an allem schuld, der nimmt uns die Arbeitsplätze weg, der Behinderte nimmt uns die Rollstühle weg, auch die Parkplätze, immer diese Behindertenparkplätze.

Jünemann: Man kann doch nicht diesen Behinderten die Parkplätze geben, wenn man selbst keinen hat.

Becker: Sagt der Behinderte: »Gut, dann gehen wir eben auch, macht euren Scheiß alleine.« Die Probleme sind aber immer noch da. Wen nehmen wir jetzt?

Jünemann: Öh ... der Briefträger!

Becker: Der Briefträger, dat is doch Quatsch.

Jünemann: Doch: Von Natur aus ist der Briefträger irgendwie anders, dat merkt man ja schon an den Hunden. Wenn der Briefträger kommt, dann bellen die, beißen die, schon von Natur aus ist der Briefträger schuld.

Becker: Stimmt eigentlich. Bin ich erst gar nicht drauf gekommen. Wer bringt denn immer das Schlechte, das Unglück, das Böse, die Rechnungen …

Jünemann: … die Entlassungen, die Mahnungen …

Becker: … de Steuerbescheid, die Bußgelder …

Jünemann: … die Todesanzeigen, die Vorladungen?

Becker: Der Briefträger, der hat auch ne ganz andere Kultur, der weiß doch gar nicht, wie das ist, wenn man immer so Post kriegt, der kommt doch aus ner ganz anderen Welt.

Jünemann: Sie müssen mal gucken, morgens, wenn die da ausziehen, diese Horden mit ihren blauen Taschen und komischen Karren, das sind doch Nomaden.

Becker: Ich hab's jetzt nicht gesehen, aber ich hab sogar gehört, dass die teilweise ins Gebüsch pinkeln.

Jünemann: Ich glaube sogar, die scheißen auf die Bürgersteige, ich hab's jetzt persönlich noch nicht gesehen, aber gehört.

Becker: Ich mein, die sind ja den ganzen Tag unterwegs, das ist ja auch klar, dass die ihre Notdurft dann irgendwo … aber das passt nicht. Also wie gesagt, ich hab's persönlich nicht gesehen, aber die dürfen sich auch nicht wundern, wenn dann der Bürger sagt, es geht nicht.

Jünemann: Wobei, mein Briefträger ist noch ganz nett. Ich hab eigentlich nichts gegen Briefträger, aber wenn das jeder machen würde, stellen Sie sich mal vor, wir haben hier hinterher nur noch Briefträger.

Becker: Wir sind kein Zustellerland!

Jünemann: Herr Becker, wenn Sie mich fragen: Der Briefkasten ist voll.

Becker: Die machen dat doch nur … also in Wirklichkeit wollen die ja hier nur ihr Geld verdienen.

Jünemann: Es sind ja auch viele Scheinbriefträger dabei, was die alles an Scheinen in der Tasche haben.

Becker: Ja, da wird viel Missbrauch mit getrieben. Was da alles an

Scheinpost, an Werbesendungen den Briefkasten überflutet, da muss man doch einfach einen Riegel vorschieben.

Jünemann: Eben. Und weil es da auch Missbrauch gibt, müssen wir das Grundgesetz ändern und schaffen am besten direkt die ganze Post ab!

Frühstückspause

05.03.1993 **Chaos**

Becker: Sagen Sie mal, Herr Jünemann, Sie sind ja auch ein Chaot. Wenn ich wieder seh, wie dat bei Ihnen aussieht.

Jünemann: Wieso, ich such nur in meiner Tasche dat eine Heft, dat ich mir von Ihnen geliehen hab …

Becker: Da brauchen Sie doch nicht den ganzen Scheiß auspacken.

Jünemann: Doch, ich hab doch hier noch, ach der Taschenrechner, da is der, hat ich auch schon vermisst.

Becker: Ich glaub, unser Herr Jünemann ist eher der Chaos-Typ.

Jünemann: Gut, Herr Becker, aber Sie kann man auch nicht gerade als Klarsichthüllenordnungsmensch bezeichnen, auf ihrem Schreibtisch, da sieht das ja immer aus wie auf'm Wühltisch.

Becker: Ich hab aber die Arbeitsfläche, also die Mitte vom Schreibtisch, immer schön kraterartig freigeschaufelt. Also da ist bei mir Ordnung.

Jünemann: Aber drumrum, drumrum, da wachsen links und rechts Türme von Papier, Büchern, alten Zeitschriften, noch älteren Keksen und Abermillionen Notizzetteln.

Becker: Das ist bei mir zu Haus. Das geht keinen was an. Aber der Driss aus Ihrer Tasche, der ist ja öffentlich-rechtlich.

Jünemann: Dann öffne ich die Tasche ma erst recht. (krach)

Becker: Ach, das ist aber interessant. Wat Sie so alles mit sich herumschleppen: Kondome, Kontoauszüge, Filzstifte, Batterien …

Jünemann: Ja, die wollt ich entsorgen, die dürfen ja nicht in den Müll.

Becker: Aber den Rest, der kommt dem schon sehr nahe, rein optisch.

Jünemann: Das täuscht, ich find alles.

Becker: Ich meine, die Unordnung hat ja auch Vorteile. Bei mir sah es neulich, also selbst für meine Verhältnisse, sehr … also der Fußboden hatte nur noch einen schmalen Gang bis zum Tisch. Ich hatte auch die Wäsche lange nicht mehr … man kommt ja manchmal zu nichts, und dann ist bei mir eingebrochen worden, aber nix geklaut worden, gar nix.

Jünemann: Ja, die ham wahrscheinlich gedacht, schade, zu spät, hier war schon einer vor uns da.

Becker: Eben!

Jünemann: Dat Chaos hat ja auch Vorteile, ich seh das quasi als Training, als wahres Gehirnjogging an, wenn ich wat suchen muss. Da muss ich mich total konzentrieren, rasend schnell durchwühl ich alles, wo es sein könnte und rekonstruiere parallel dazu die letzte Begegnung mit dem gesuchten Gegenstand. War ich damit auf'm Klo oder in der Küche, und meistens komm ich dahinter.

Becker: Obwohl, oft braucht man's ja auch gar nicht, ist oft alles gar nicht so wichtig, wie man denkt.

Jünemann: Gut, dann findet man eben mal was nicht, ist auch egal.

Becker: Zum Beispiel die ganzen Notizzettel, die ich da hab: Dadran denken, den anrufen und so, das erledigt sich oft auch von selbst.

Jünemann: Mein Anrufbeantworter auch, manchmal komm ich nach Hause, sind da zehn Anrufe drauf, keine Lust, spul ich zurück, wird gelöscht, dat meiste erledigt sich damit von selbst.

Becker: Auch wenn das Telefon klingelt und ich bin da, oft weiß ich nicht, wo das Telefon steckt. Ehe ich dat dann an der Leine unter dem Prüll verfolge, geh ich erst gar nicht ran. Wozu auch?

Jünemann: Ordnung ist das halbe Leben.

Becker: Das ganze kriegen Sie nur durch Chaos.

Frühstückspause

09.01.1998 Kopfgeldjäger fürs Finanzamt

Becker: Herr Jünemann, ich hab wat Neues, wo ich jetzt von lebe.

Jünemann: Ach, ham Sie die Rente schon durch, Herr Becker?

Becker: Ich mach doch keine halben Sachen. Rente? Wenn ich lebe, will ich auch gut leben.

Jünemann: Ja, wovon leben Sie denn jetzt?

Becker: Ja, die Sache ist noch nicht spruchreif, aber ich habe da was vor. Also, ich sage es jetzt nur, damit Sie das nicht überall rumerzählen.

Jünemann: Nee, Herr Becker, keine Sorge, das geht hier nicht raus.

Becker: Dann bin ich ja froh. Dat muss auch unter uns bleiben.

Jünemann: Wat isset denn nun?

Becker: Ich sag nur ein Wort: Finanzamp!

Jünemann: Sie auf'm Finanzamt, dat kann ich mir nicht vorstellen.

Becker: Nicht auf'm Finanzamt, sondern fürs Finanzamt, also quasi IM.

Jünemann: Inoffizieller Mitarbeiter?

Becker: Ja, Diplom-Denunziant. Dat überlegen sie doch jetzt in Bonn. Dat die dat bezahlen, wenn einer sagt, wenn er wat weiß, wat wie wo hinterzogen wird.

Jünemann: Dat hab ich auch gehört, dat findet sogar auch de SPD interessant, erwägenswert haben die gesagt. Und Sie wollen das machen?

Becker: Ja, ich hab mich da schon beworben, und ich hab auch schon zwei Fälle.

Jünemann: Ach? Kann ich mir gar nicht vorstellen, so reiche Leute kennen Sie doch gar nicht.

Becker: Doch, der erste Fall heute Morgen, da haben Sie sich vom Taxifahrer ne Quittung geben lassen.

Jünemann: Ja, dat mach ich immer: Taxifahrt immer mit Quittung.

Becker: Dat war aber ne Privatfahrt, Sie wollten doch zu mir.

Jünemann: Ach, Moment, jetzt versteh ich. Nee, die hab ich mir nur so geben lassen, die setz ich nicht ab, nein.

Becker: Ach so, damit wollten Sie nur den Taxifahrer ärgern. Aber dann gestern in der Kneipe, Gulaschkrüstchen und ne halve Hahn.

Jünemann: Hab ich Ihnen doch ausgegeben.

Becker: Aber wir hatten doch privat Hunger, oder haben wir irgendetwas Dienstliches besprochen?

Jünemann: Natürlich nicht, Dienst ist Dienst und Schnaps ist Schnaps.

Becker: Sehen Sie, und wenn ich das jetzt dem Finanzamp sage, dann krieg ich da fünfhunderttausend Mark für!

Jünemann: Ja, wenn Sie so ne fiese Möpp sind, dann zerreiß ich die Quittung und setz das nicht ab.

Becker: Doch, Herr Jünemann, tun Sie es mir zuliebe, Sie kriegen auch die Hälfte ab.

Jünemann: Zweihundertfünfzigtausend Mark! Tolle Sache, jut, dat reicht erst mal bis zum Monatsende.

Becker: Müssen Sie allerdings versteuern, obwohl … wir könnten es ja noch mal so machen.

Frühstückspause

16.01.1998 **Golfplatzbedarf**

Becker: Herr Jünemann, also der Kohl scheitert im Moment ja auf der ganzen Linie.

Jünemann: Wie?

Becker: Die Arbeitslosen kriegt er nicht halbiert, und sein Atomkraftwerk bleibt auch für immer aus.

Jünemann: Wie, sein Atomkraftwerk?

Becker: Ja, kennen Sie doch, Mülheim Gefährlich.

Jünemann: Dat sind doch Jugendsünden, da hat man so Schnapsideen und setzt ein Atomkraftwerk mitten ins Erdbebengebiet.

Becker: Der Kohl war da ja nur Ministerpräsident. Und für Rheinland-Pfalz ist ja Koblenz-Mülheim-Kärlich so ne Art Zonenrandgebiet, weit weg von Oggersheim. Damit wollte er im Grunde genommen das SPD-regierte Nordrhein-Westfalen verstrahlen.

Jünemann: So ne Art Tanz auf der Vulkaneifel. Und jetzt sagt RWE, das wär ein schlimmer Standortnachteil für den Standort Deutschland.

Becker: Dat kommt auf den Standort an, ich finde ja, ein Erdbeben ist immer ein schlechter Standort.

Jünemann: Ja! Da hat man oft nen schweren Stand, wenn die Erde bebt.

Becker: Deswegen bin ich ja für Tagebau, da baut man die Erde ab, da kann die erst gar nicht beben.

Jünemann: Und man reißt auch präventiv die ganzen Dörfer ab, sodass da kein einziges Haus mehr Erdbebenschäden abkriegen kann.

Becker: Dat is dat Sicherste. Ich bin auch für Garzweiler. Ich versteh da die Grünen gar nicht. Ich hab mir die Dörfer mal angeguckt, also die würd ich auch ohne Braunkohle abreißen. Das sind ja fürchterliche Käffer.

Jünemann: Herr Becker, dat können Sie doch nicht sagen, das ist die Heimat der Menschen da.

Becker: Ja, warum reißt man die denn dann ab? An der Braunkohle kann es nicht liegen, von wegen CO_2, Klimakatastrophe. Und der Strombedarf ist doch gar nicht da. Der einzige Grund ist: Unser Dorf soll schöner werden. Und da hilft im Falle Garzweiler nur: Affrieße!

Jünemann: Doch! Doch! Der Bedarf war ja mal da. Man hat den berechnet seinerzeit, dat is immer so ein spezielles Rechenexempel. Und daraufhin wird der Bedarf festgestellt, und dann wird geplant. Und bis dann der Plan fertig ist, ist der Bedarf weg. Aber dat is dann egal, dann zählen die Arbeitsplätze.

Becker: Das nennt man dann Sozialdemokratie. Bärbel verhöhnen statt spalten.

Jünemann: Das muss man einfach mal für die Zukunft sehen. Im Golfsport zum Beispiel hat man einen Riesenbedarf ausgerechnet. Da gab es in Deutschland von 1992 bis 97 eine Steigerung von 25 000 Golfern auf 250 000 Golfer.

Becker: Ist das wahr?

Jünemann: Ja, dat is Tatsache, dat entspricht einer Steigerung von

1 000 Prozent in fünf Jahren. Das heißt, nach der Kalkulationsmethode von Rheinbraun brauchen wir in Deutschland im Jahre 2007 Golfplätze für 2,5 Milliarden Golfer.

Becker: Dann würd ich Folgendes vorschlagen: Wir gründen unter der Schirmherrschaft von Wolfgang Clement den Unternehmensverbund Rhein-Grün mit 50 Millionen Arbeitsplätzen allein im Grünflächenamt Düsseldorf.

Jünemann: Das muss der Kohl mal kapieren: Die Arbeitslosen sollen nicht ins Gras beißen, sondern Rasen mähen.

Becker: Und die Sozialhilfeempfänger lassen wir einlochen.

Jünemann: So hab ich mir Rot-Grün immer vorgestellt. Das Proletariat beim Sport der Besserverdienenden in der freien Natur.

Frühstückspause

23.01.1998 Papst auf Kuba

Becker: Herr Jünemann, da haben sich aber auch zwei gesucht und gefunden.

Jünemann: Wer? Ich und Sie?

Becker: Nä!

Jünemann: ’tschuldigung, Sie und ich?

Becker: Ja gut, dat auch, aber dat mein ich jetzt nicht. Fidel und Karol!

Jünemann: Ach so, Castro und Karol Woytila!

Becker: Das sind die beiden Alterspräsidenten in der Heilsgemeinschaft des Erlösers, beim einen isset der Jesus, beim andern der Ché!

Jünemann: Und nirgendwo wird der Papst so gut behandelt wie in Kuba. Als er et letzte Mal bei uns war, da hat der Helmut Kohl ihn vorher doch noch kritisiert, seine Haltung zur Verhütung könne keiner mehr nachvollziehen.

Becker: Der Castro dagegen, der verhütet gar nichts. Im Gegenteil, der sagt seinem Volk: Liebe Genossinnen und Genossen, morjen kommt der Papst, und dann geht ihr mal alle schön angezogen zu dem in die Kirch. Sonst braucht ihr ja nicht, aber heut macht ihr dat mal, dann freut der sich.

Jünemann: Das ist doch in keinem anderen Land der Welt so.

Becker: Und die Kubaner, die hören auf den. Also wenn der Fidel wat sacht, dann werden die quietschfidel.

Jünemann: Und dat Tolle is, sogar der Fidel selber hat das erste Mal seit 40 Jahren seine olivgrünen Arbeitsklamotten ausgezogen und erschien im dunkelblauen Kommunionsanzug. Ein Bild für die Götter.

Becker: Da sieht man mal, in Kuba hat es der Papst geschafft, den Präsidenten öffentlich in eine entmilitarisierte Zone zu verwandeln …

Jünemann: In Köln hingegen hat gestern der Kardinal Meissner den ganzen Dom voll Soldaten geladen. Und sie in Uniform gesegnet.

Becker: (mit vollem Mund) Ja, er hat gesagt, eine Waffe in betenden Händen ist vor Missbrauch sicher.

Jünemann: Dat hab ich jetzt nicht verstanden, schlucken Sie erst mal runter, und dann nochmal.

Becker: Der Meissner hat gesagt, eine Waffe in betenden Händen ist vor Missbrauch sicher.

Jünemann: Dann ist das ja ganz einfach, Waffen nur noch in die Hände von Katholiken und Protestanten. Dann kann nix mehr passieren.

Becker: Öhö! Sagen Sie mal, Herr Jünemann, wie viel Tote waren das da neulich wieder in Belfast?

Frühstückspause

13.02.1998

Warentermingeschäft im Supermarkt

Becker: Herr Jünemann, der Manfred Krug, der hat dat ja angezettelt.

Jünemann: Wat?

Becker: Dat jetzt alle meinen, sie müssten spekulieren wie blöd. Mit T-Aktien oder Kaffeeaktien oder weiß ich wat.

Jünemann: Ja, wenn et Spaß macht, ist doch quasi so ne Art Monopoly mit echtem Geld.

Becker: Ja, die Leute haben den Eindruck, als könnten sie an der Börse zehnmal täglich über Los gehen und 4 000 Mark einstreichen.

Jünemann: Aber Herr Becker, mal ehrlich, also für mich ist doch so ne Spekulation unmoralisch und asozial.

Becker: Wieso?

Jünemann: Weil, dat is doch letztendlich unser Geld, wat die da verspielen. Irgendwann gibt et durch die ganzen Spekulanten Riesenbörsencrashs, die Währungen knirschen, und die Regierungen müssen dann Stützungskäufe machen mit unsren Steuergeldern. Dat heißt, die Armen zahlen, dat die Reichen beim Monopoly keine Verluste machen.

Becker: Ist doch ein blödes Spiel. Dat is doch, wie wenn ich in nen Supermarkt geh und seh: Aha, Harzer Roller im Angebot! Preis im Keller: 89 Pfennig.

Jünemann: Das ist aber günstig. Da heiß et doch zuschlagen! Wenn Sie dat mögen.

Becker: Ja, mögen tu ich dat nicht, aber ist ja völlig egal. Da kauf ich doch direkt für 500 Mark den ganzen Einkaufswagen voll Harzer Roller. Und den schieb ich dann erst mal durch die Gänge.

Jünemann: Ja, und dann kommt de Frau Kubitzki aus der Goltsteinstraße, will für ihren Mann Harzer Roller kaufen, und dann is nix mehr da.

Becker: Eben, der Mann schlägt die tot, wenn die ohne Harzer Roller nach Hause kommt, der Stinkbüggel. Da muss die doch zu mir kommen und meinem vollen Einkaufswagen, und dann kriegt die bei mir den Harzer Roller für 2,89.

Jünemann: Zwei Mark Gewinn. Dat Geschäft stinkt mir aber.

Becker: Dat ist ein Warentermingeschäft, dat is Alltag auf der Welt. Wenn ich dann bis zum Ladenschluss den ganzen Harzer Käse verflüssigt habe, habe ich tausend Mark Plus. Prima leben und sparen!

Jünemann: Moment! So einfach is dat nicht.

Becker: Wieso, wat soll noch sein?

Jünemann: Jetzt steht aber der Manfred Krug am Klopapier. Dat ham jetzt Sie wieder nicht. Und der Manfred hat 15 Einkaufswagen bis oben voll gepackt mit allem, was nach Klopapier aussieht, sogar die Küchenrollen noch dabei. Und ist mit dem ganzen Wagen wisch und weg am Leergut. Da müssen alle vorbei. Da steht der dann kackfrech mit der Zigarre im Mund und verlangt, je nachdem, wie er gelaunt ist …

Becker: Au, der kann ja schwer pampig werden.
Jünemann: Eben! … bis zu tausend Mark für eine Rolle Klopapier.
Becker: Ja, Scheißspiel, sag ich doch.

Frühstückspause

20.02.1998 Krawatten ab

Becker: Herr Jünemann, stellen Sie sich mal vor, da kommen jetzt gestern hoch bezahlte japanische Wirtschaftsführer mit Milliarden Investitionen im Koffer am Düsseldorfer Flughafen an, und eine Horde wild gewordener Frauen schneidet denen die 500 Mark teuren Seidenschlipse entzwei.

Jünemann: Auwei. Ist das Tatsache?

Becker: Ja sicher, Weiberfastnacht, gestern 19 Uhr 28 Ortszeit.

Jünemann: Ohwei, wat soll'n die von uns denken. Ich mein, man hört ja viel von Kürzungen bei uns, aber dat dat direkt so an den Kragen geht …

Becker: Gut, für uns ist dat klar, Weiberfastnacht nur alte Schlipse tragen, aber der ostasiatische Investor kann sich da ja keinen Reim drauf machen. Der denkt ja, das wär immer so.

Jünemann: Und jetzt stellen Sie sich mal vor, Herr Becker, Sie reisen mit besten Klamotten und besten Absichten in einen andern Erdteil, und da schneidet man Ihnen erst mal, kaum dat Sie durch die Sicherheitsschleuse sind, den linken Ärmel vom Jackett ab.

Becker: Dann ab in den Ärmelkanal.

Jünemann: Da denken Sie nicht ans Brauchtum, da denken Sie, die sind aber arm dran hier.

Becker: Dat müssen die Japaner in Düsseldorf auch gedacht haben. Man sagt ja, die sind wieder abgereist. Dat hat Arbeitsplätze gekostet.

Jünemann: Man muss es mal so sehen: Früher die Indianer, die haben ja den Leuten den ganzen Skalp abgeschnitten. Dat muss ja für die auch ein komisches Gefühl gewesen sein, dat war da aber Brauchtum. Dat machte man da so.

Becker: Warum eigentlich? Hatten die denn keine Friseure?

Jünemann: Nee, die hatten ja auch keinen Bartwuchs, von daher ist das Barbierhandwerk da erst gar nicht entstanden.

Becker: Und warum haben die die Leute skalpiert?

Jünemann: Soviel ich weiß, hat das einen mystischen Hintergrund. Der Indianer glaubt, mit so einem Skalp überträgt sich die Kraft und die Energie und die Potenz von dem Skalpierten auf ihn selber.

Becker: Ja, und dasselbe gilt auch für die abgeschnittenen Krawatten. Wenn die Frauen da am Düsseldorfer Flughafen die 500 Mark teuren Schlipse weggeschnitten haben, glauben die, es übertragen sich 250 Mark auf sie.

Jünemann: Wobei ich dat ja toll finde, ich trag ja nie Schlipse, aber Weiberfastnacht, da muss dat sein. Und wehe, es schneidet mir keine Frau dat Dingen ab, da bin ich stinkesauer.

Becker: Dat wär ja auch blöd, dann hätten Sie dieses völlig unsinnige Kleidungsstück völlig umsonst getragen.

Jünemann: Dat gilt übrigens nicht nur Weiberfastnacht. Gucken Sie sich doch unsere Männer heutzutage an, in Bonn, im Berufsleben, in der Sparkasse und die ganzen Vertreter in den Autos und Intercitys, die warten alle das ganze Leben darauf, dass ihnen endlich die Frau des Lebens diesen blöden zwanghaften Lappen abschneidet.

Becker: Also Frauen, kleiner Tipp von mir, bei Karstadt gibt's im Moment Scheren für 2 Mark 99!

Frühstückspause

20.03.1998 **Rau ist weg**

Becker: Liebe Hörerinnen und Hörer, ich sitz jetzt hier allein, weil der Herr Jünemann aus beruflichen Gründen nach Berlin muss. Aber jetzt ist ja diese Woche unser Ministerpräsident mit seinem Rücktritt erausjerückt, und da muss ich doch mit unserm Herrn Jünemann drüber sprechen, dat geht doch nit, ich ruf den jetzt da einfach mal an!

Wählen, Tüten …

Jünemann: Jünemann.
Becker: Herr Jünemann, ich ruf Sie an, weil ich weiß ja gar nicht, ob Sie da in Berlin so was mitkriegen: Der Rau ist weg.
Jünemann: Wie, der Rau ist weg?
Becker: Ja, vom Fenster, also der hört auf, der ist jetzt quasi schon weg.
Jünemann: Der Rau?
Becker: Ja, Johannes Rau.
Jünemann: Unser Rau?

Becker: Ja, unser Rau.

Jünemann: Der is weg?

Becker: Ja sicher, kriegen Sie denn da oben bei den Preußen so was gar nicht mit?

Jünemann: Ach, die haben doch hier andere Sorgen, hier wird doch nur gebaut.

Becker: Stand das denn da nicht in der Zeitung?

Jünemann: Doch, kann sein, aber da kommt man hier gar nicht zu, hier sind überall Presslufthammer, Betonmischer, Kräne, da haben sie für Nordrhein-Westfalen gar kein Ohr. Der Rau ist weg, da komm ich gar nicht drüber. Der war doch schon immer, der Rau.

Becker: Der Rau war im Grunde schon immer. Länger als der Papst und der Kohl.

Jünemann: Soweit ich zurückdenken kann, haben wir den Rau.

Becker: Herr Jünemann, wissen Sie wat, Nordrhein-Westfalen ohne Rau, das ist für mich gar kein Nordrhein-Westfalen.

Jünemann: Ne, dat ist wirklich janz komisch, ohne Rau. Wieso ist der denn so plötzlich weg?

Becker: Ja weiß ich, wahrscheinlich musste der plötzlich weg.

Jünemann: Ja, hat man ja schon mal, dat einer so plötzlich weg muss.

Becker: Da hat der Clement den wahrscheinlich gefragt: Johannes, biste weg? Macht man ja schon mal, obwohl einer noch da ist, fragt man, ob der weg ist.

Jünemann: Stimmt, da steht einer noch so voll im Raum, und man fragt den, ob er weg ist. Biste weg? Dat war bei dem Clement wahrscheinlich auch so. Da stand der Rau im Raum, und der Clement fragt den, ob er weg ist.

Becker: Dat hat der ja schon oft gefragt. Johannes, biste weg? Aber bisher hat der noch immer geantwortet: Nä, ich geh nur mal eben eine rauchen.

Jünemann: Aber jetzt ist er weg?

Becker: Ja. Der Johannes hat dann Anfang der Woche gesagt: Ich bin dann mal weg.

Jünemann: Dä.

Becker: Ja, jetzt isse fott.

Jünemann: Ja, dann muss ich ja hier in Berlin die Koffer packen und dringend zurückkommen.

Becker: Nä, brauchen Sie nicht, Herr Jünemann, der ist ja noch nicht tot. Das ist ja in dem Sinne kein Trauerfall.

Jünemann: Ach so, ja, stimmt. Was macht der denn jetzt?

Becker: Der geht in Wuppertal in seiner Stammkneipe wieder Skat spielen, sagt man.

Jünemann: Der Rau spielt Skat?

Becker: Ja, der soll leidenschaftlicher Skatbruder sein.

Jünemann: Daher hat der dat wahrscheinlich auch.

Becker: Wat?

Jünemann: 18, 20, 32, nä, ich bin weg.

Frühstückspause

22.05.1998 **Aufzug**

Becker: Herr Jünemann, ich denk ja manchmal: So mancher Fortschritt, also richtig gut ist dat auch nicht immer.

Jünemann: Ja, wat meinen Sie jetzt? Atomenergie? Gentechnik? Oder Transrapid?

Becker: Nä, ich mein der Aufzug.

Jünemann: Der Aufzug, der Lift, den meinen Sie?

Becker: Ja. Das war ja gegenüber der Treppe eigentlich schon ein Fortschritt.

Jünemann: Ja, dat will ich ja wohl meinen. Mein Fitness-Studio liegt im 30. Stock. Da läuft doch keiner die Treppen hoch.

Becker: Na, dat ist klar. Nur, wat mir eben gerade wieder aufgefallen ist auf dem Weg hierhin: Die Treppe ist immer direkt da, wenn man sie braucht, aber der Aufzug ist immer woanders. Ich hab dat noch nie erlebt, dat ich zum Aufzug kam und der war auch da.

Jünemann: Nee, nee, dat kenn ich auch, der Aufzug ist immer im Achten, Dritten, Fünften oder wo auch immer, aber nie im Erdgeschoss. Nur dann, wenn man selber im Achten, Dritten oder Fünften ist, dann ist er Parterre.

Becker: Bei dem Aufzug, wo ich immer drauf warte, da ist Parterre und Erdgeschoss dasselbe.

Jünemann: Ja, sag ich doch! Aber wenn ich Erdgeschoss bin, dann ist der nie Parterre.

Becker: Oder oft kommen Sie zum Aufzug, und dann ist der zu Tisch!

Jünemann: Hä?

Becker: Oder im Außendienst, dann hängt da so'n Schild »Außer Betrieb«.

Jünemann: Oder »Wartungsarbeiten«, da weiß ich: Entweder Treppe oder die Arbeit kann warten.

Becker: Und die Treppe, unter uns gesprochen, hat noch einen großen Vorteil gegenüber dem Aufzug: Sie kann nicht stecken bleiben.

Jünemann: Das ist klar, der Fortschritt, der macht alles komplizierter und folglich störungsanfälliger.

Becker: Und wenn man dann da steht und wartet und denkt: Mensch, wär ich aber schneller über die Treppe gewesen, und dann entschließt man sich, diese meistens schweren Feuerschutztüren vor der Treppe zu öffnen und doch die Treppe zu nehmen, dann macht et »Ping« und der Aufzug ist da.

Jünemann: Dat mit dem Fortschritt ist schon richtig, nur: Wie man et macht, is et verkehrt.

Becker: Ja, weil der Fortschritt, dat sind ja immer Maschinen zum Zeitsparen. Aber bevor Sie die Zeit sparen können, müssen Sie erst mal warten – Auto, Flugzeug, Aufzug.

Jünemann: Und manchmal wartet man so lange, dass man sich das Zeitsparen hätte genauso gut ersparen können.

Becker: Und, Herr Jünemann, ganz nebenbei, mit der Treppe, da sparen Sie sich das Fitness-Studio.

Jünemann: Ja, Herr Becker, nehmen Sie denn die Treppe?

Becker: Nä, ich nehm immer der Aufzug. Wissen Sie, ich hab nix gegen die Treppe, aber mir sind dat einfach zu viele Stufen.

Frühstückspause

10.07.1998 Deutsch lernen

Becker: Herr Jünemann, das muss Sie doch als Fußballfan jetzt empören.

Jünemann: Wat?

Becker: Die CSU will den Trapatoni ausweisen.

Jünemann: Wieso, der ist doch schon längst wieder in Italien.

Becker: Na, sehen Sie, dann hat sie es schon getan. Denn der Trapatoni, der ist, wenn ich dat richtig in Erinnerung hab, der, der gesagt hat: »Ich habe fertig!«

Jünemann: Stimmt, und was hat das jetzt mit der Ausweisung zu tun?

Becker: Ja, die CSU fordert doch, dass alle Ausländer bei uns Deutsch lernen müssen. Und »Ich habe fertig« hat dann natürlich keine Aufenthaltsgenehmigung mehr.

Jünemann: Die CSU hat aber wirklich einen an der Waffel …

Becker: Oder um es mit den Worten unseres Kölner Regierungspräsidenten zu sagen: Das sind so große Arschlöcher, da können Sie mi'm LKW durchfahren.

Jünemann: Hat der das wirklich gesagt?

Becker: In einem anderen Zusammenhang. Aber zu Recht! Es ging auch um die Union.

Jünemann: Aber dat gerade die Bayern so wat fordern, die Deppen können doch selber kein Deutsch.

Becker: Willst-in-himmi-kämma? Gsuffa!

Jünemann: Nä, is klar!

Becker: Und vor allen Dingen bin ich schon deswegen dagegen: Ich wette mal, 90 Prozent der Deutschen, die sich da permanent auf Mallorca rumtreiben, die können kein Wort Spanisch.

Jünemann: Doch, eins können sie: »Ballermann« und »Une café au lait!«

Becker: Das ist französisch.

Jünemann: Sehense, dat kommt noch dazu.

Becker: Dann werden die Mallorquiner die ganzen besoffenen, lallenden Deutschen ausweisen.

Jünemann: Da haben wir dann die ganzen Raufbolde und Schluckspechthorden wieder hier.

Becker: Herr Jünemann, nee, dann doch lieber Ausländer hier lassen und die CSU ausweisen.

Jünemann: Und wenn wir dat haben, dann laden wir den Trapatoni wieder ein mit den Worten: »Giovanni, du kannst wiederkommen! Wir haben fertig!«

Becker: Und ich kann Ihnen auch jetzt schon sagen, was der Trapatoni dazu sagt.

Jünemann: Ja? Wat denn?

Becker: »CSU mache Politik wie Flasche leer!«

Frühstückspause

04.09.1998 Ehe auf Zeit

Becker: Herr Jünemann, man soll es nicht glauben, aber manchmal haben Politiker richtig gute Ideen.

Jünemann: Glaub ich nicht!

Becker: Doch! Hier dieser Schmitz-Jochtzig …

Jünemann: Wat ist der nochmal?

Becker: CDU, glaub ich!

Jünemann: Nee, der ist der Nachfolger von der geläuterten Schnarrenberger, der ist Justizminister, der ist von der FDP.

Becker: Ja, dann ist es eben noch verwunderlicher. Der Herr Schmitz-Jochzig, übrigens nicht zu verwechseln mi'm Audi achtzig …

Jünemann: Geschweige denn mit Bündnis neunzig!

Becker: Der Schmitz-Jochtzig, der ist ja selber verheiratet. Dat merkt man ja an dem Doppelnamen.

Jünemann: Stimmt, das könnte sich um eine Ehe handeln.

Becker: Der hat jetzt vorgeschlagen, dass die Ehen auch vom Standesbeamten geschieden werden können.

Jünemann: Wie? Dass man quasi bei demselben Mann, wo man dat Jawort sagt, auch das Neinwort sagen kann?

Becker: Das würde die Gerichte entlasten, Kosten sparen. Und Herr Jünemann, das ermöglicht ganz neue Möglichkeiten.

Jünemann: Vor allem, der Standesbeamte kennt die ja auch gut. Ach, Sie sind's wieder, war dat doch nix?

Becker: Oder ich denke zum Beispiel, wenn jetzt die Eltern mal zu Besuch kommen, die schon immer die Nase gerümpft haben über die wilde Ehe, dann kann man die mal überraschen.

Jünemann: Wie, überraschen?

Becker: Mit ner Tagesehe. Da geht man morgens um neun zum Standesamt und nachmittags, wenn die Eltern wieder nach Hause sind, lässt man sich wieder scheiden.

Jünemann: Dat kann aber knapp werden, die machen doch um 16 Uhr wieder zu.

Becker: Ja, dann muss man mit dem Standesbeamten das absprechen. Da fragt man, wie lang haben Sie heute Dienst? Und dann sagt der, heute bin ich bis 18 Uhr da, können Sie gerne noch kommen.

Jünemann: Oder Herr Becker, machen wir uns doch nichts vor, viele Ehen, die dümpeln ja nur noch so vor sich hin …

Becker: Ach sicher, das sind doch oft nur noch Karteileichen.

Jünemann: Die könnte man wieder auffrischen mit der Saisonehe.

Becker: Wie, Saisonehe?

Jünemann: Ja, wie beim Auto, da gibt's doch jetzt diese Saisonkennzeichen. Da steht dann auf dem Ehering drauf: 05 bis 09, zugelassen von Mai bis September.

Becker: Ach? So ne Art Sommerehe, wie so'n Cabrio, wat man wieder rausholt.

Jünemann: Genau!

Becker: Oder, Herr Jünemann, apropos Sommer. Wenn jetzt einer mal einen Seitensprung machen will, aber er will keinen Ehebruch begehen …

Jünemann: Ach? Dass der dann sozusagen andersrum sich quasi ne Tagesscheidung holt.

Becker: Richtig, da gehen die morgens zum Standesbeamten und machen ne Scheidung, gültig für 24 Stunden.

Jünemann: Aber da muss es dann auch passieren.

Becker: Aber sowohl der Mann wie die Frau können dann sagen, wir sind jetzt seit 20 Jahren verheiratet und haben uns noch nie betrogen.

Jünemann: Doll, der Schmitz-Jochtzig! Dat ist ja ein richtiger Schlitzohr-zig!

Becker: Das kommt dabei raus, wenn ein Justizminister fremdgehen will.

Frühstückspause

11.09.1998 Wahrheit in der Politik

Becker: Herr Jünemann, die drei mächtigsten Männer der Welt stecken tief in der Krise: Clinton, Jelzin und Berti Vogts.

Jünemann: Der Berti ist schon mal weg. Jetzt kommt als Nächstes der Clinton weg, wenn ich das richtig sehe.

Becker: Obwohl, ich kapier dat ja ehrlich gesagt nicht. Nur wegen so nem Fisternölchen mit der Praktikantin. Wenn alle Angestellten wegen so was entlassen würden, hätten wir weltweit 90 Prozent Arbeitslosigkeit.

Jünemann: Das ist ja nicht wegen der Affäre mit der Praktikantin!

Becker: Nee?

Jünemann: Nee! Dat ist, weil der gelogen hat.

Becker: Aber wenn man wegen so wat lügt, dat is doch ne Notlüge. Oder um es mit Konrad Adenauer zu sagen: Es gibt keine Notlügen, man ist immer in Not!

Jünemann: Im Grunde haben Sie Recht, in der heutigen Gesellschaft wird so viel gelogen, nehmen Sie doch nur mal 95 Prozent der Steuererklärungen der Freiberufler, die sind doch voller Lügen, allein die ganzen Geschäftsessen.

Becker: Genau! Herr Jünemann, da haben Sie Recht! Ich hab

noch nie gesehen, dass einer gegessen hat und dabei sein Geschäft gemacht hat.

Jünemann: Nein, das sollte man auch räumlich trennen.

Becker: Das ist ja auch menschlich, das macht jeder. Obwohl, es hat auch Auswirkungen auf die Allgemeinheit, aber wenn einer da vögelt, das kostet doch den Steuerzahler nichts.

Jünemann: Gut, wenn er jetzt hingegangen wär und hätte's Kondom von der Steuer abgesetzt mit der Begründung, es wär ein Geschäftsverkehr, also sagen wir mal, der hätt ne Praktikantin ausgebildet.

Becker: Ja, aber er hat doch gar kein Kondom benutzt, die hatte doch die Samenflecken auf'm Kleid. Da sieht man mal, wie sparsam der Mann mit den Steuergroschen ist.

Jünemann: Herr Becker, es ist und bleibt eine öffentliche Lüge, ein Meineid.

Becker: Das ist typisch protestantisches Amerika. Nehmen Sie doch dagegen mal unseren katholischen Altbundeskanzler Adenauer. Wissen Sie, wat der wortwörtlich gesagt hat?

Jünemann: Ja: Man ist immer in Not.

Becker: Nee, wat anderes, der hat vor allen Leuten gesagt: Man soll mit dem Sack Wahrheit nicht so um sich werfen, auch Politiker ham die Wahrheit nicht für sich gepachtet, ich selbst bin Zeuge dafür!

Jünemann: Ja gut! Da ham jetzt Sie wieder Recht. Hätte der Clinton das bei seiner Amtseinführung gesagt, könnte man ihm heute keinen Strick drehen.

Becker: Das ist eben der Unterschied: Bei uns werden die Wahlen nicht durch Wahrheiten, sondern durch Mehrheiten gewonnen. In Amerika werden sie durch Samenflecken verloren.

Jünemann: Und die Wähler sind Zeuge dafür.

Frühstückspause

18.09.1998 **Wahlkampf-Sprüche**

Becker: Herr Jünemann, wir haben ja jetzt eigentlich einen Wahlkampf ohne Inhalte.

Jünemann: Ja, dat sieht man ja schon an den Plakaten, da steht ja nichts drauf! Wenn ich dat schon lese: Weltklasse für Deutschland! Oder: frisch, fromm, fröhlich, frei! FDP! Eierkuchen ist dabei!

Becker: Ja früher, da wusste man noch genau Bescheid, da hieß es: Freiheit oder Sozialismus.

Jünemann: Oder: Freiheit durch Sozialismus.

Becker: Da konnte man unter Strauß wählen zwischen kaltem Krieg und warmem Bruder.

Jünemann: Ja damals, da waren die Fronten klar, heute weiß man wirklich nicht mehr, wat mer wählt, wenn man wat wählt.

Becker: Ja, weil die, die im Moment dran sind, behaupten, wenn sie dranbleiben, dann machen sie alles anders als vorher.

Jünemann: Und die drankommen wollen, behaupten, dat, wat die andern anders gemacht haben, machen wir dann wieder ganz anders. Immer nach dem Motto: Kräht der Hahn auf dem Mist, ändert sich das Wetter oder es bleibt, wie es ist.

Becker: Ja, man hat wirklich den Eindruck, als wenn die Parteien sich gegenseitig für die Plakate die Kalendersprüche weiterreichen. Zum Beispiel PDS: Dat letzte Hemd hat keine Taschen.

Jünemann: Die Grünen: 5 Mark. Man kann nix mit ins Grab nehmen.

Becker: FDP: Wer die Wahl hat, hat die Qual!

Jünemann: CDU: Mach es wie die Sonnenuhr, zähl die heitren Stunden nur.

Becker: Oder CSU: Edmund Stoiber: Draußen gibt's nur Kännchen!

Jünemann: SPD: Wer andern eine Grube gräbt, fällt selbst hinein. SPD, wir sind bereit!

Becker: Der Furz, das ist ein Magenwind, der nicht recht den Ausgang find.

Jünemann: Dann kontert die CDU: Eichen sollst du weichen, Buchen sollst du suchen, Weltklasse für Deutschland.

Becker: Dann schreiben die Grünen auf die Plakatwand, wie früher im Poesiealbum: In allen vier Ecken soll Liebe drin stecken.

Jünemann: Nee, nee, zu denen passt besser: Bäume, Bäume, nichts als Bäume, und dazwischen Zwischenräume!

Becker: Dann kontert die PDS: Statt Nelken Narzissen, und der Kanzler hat verschissen.

Jünemann: Nä, die PDS sagt: Im Westen nichts Neues!

Becker: Und Gerhard Schröder kommt wieder mit seiner Mutter: Ehret das Mutterherz, solange es schlägt.

Jünemann: Und die CDU sagt: Man kann nichts mit ins Grab nehmen.

Becker: Dat hatten wir schon.

Jünemann: Ja, dann lass mer Schluss machen.

Frühstückspause

30.10.1998 **Der Reiseminister**

Becker: Herr Jünemann, ich muss ja ehrlich sagen, ich kann mich nicht daran gewöhnen, dass der Fischer jetzt der Außenminister ist. Das ist so komisch.

Jünemann: Schon! Aber dat war beim Kinkel am Anfang auch, nach dem Genscher hat doch jeder gesagt: Komisch, was hat der Kinkel für kleine Ohren?

Becker: Ja stimmt, wegen dem hat man doch damals direkt die Sperrklausel eingeführt.

Jünemann: Hä? Sperrklausel, das ist doch die 5-Prozent-Hürde! Soviel ich weiß!

Becker: Nee, nee, dat hängt mit der Sitzordnung zusammen.

Jünemann: Ach ja!

Becker: Der Bundestag, das hat man ja jetzt bei der neuen Kabinettsvereidigung gesehen, ist ja von der Sitzverteilung her aufgeteilt in erstes Parkett links, erstes Parkett Mitte und erstes Parkett rechts, gefolgt vom zweiten Parkett, dritten Parkett und Hochparkett.

Jünemann: Schön! Und wat hat dat jetzt mi'm Kinkel zu tun?

Becker: Ja, passen Sie auf, als der Klaus Kinkel damals als Parteiloser zum Außenminister ausgeguckt wurde, da musste der ja erst mal in die FDP eintreten, und prompt war der Bundestag schon ausverkauft.

Jünemann: Alle Plätze besetzt?

Becker: Genau, und der Klaus Kinkel kam deshalb erst mal auf den Sperrsitz. Und da nannten ihn die Abgeordneten immer Sperr-Klausel.

Jünemann: Jajaja, dat sind so Details aus dem kalten Krieg, die kaum mehr einer kennt. Aber unser Joschka, der war ja mal Pflastermaler in Marseille.

Becker: Das ist, glaub ich, ein Vorort von Paris.

Jünemann: Jaja, in Frankreich ist alles ein Vorort von Paris. Wenn man das bemalte Pflaster seinerzeit rausgerissen hätte, dat würd heut im Louvre hängen.

Becker: Die haben ja auch das Pflaster rausgerissen, der Fischer und der Cohn-Bendit. Aber mit den Steinen wurd dann geschmissen.

Jünemann: Da sieht man mal wieder, dass man nicht immer all die alten Sachen wegschmeißen soll!

Becker: Ja, wenn man was aufbewahrt, ist das oft hinterher mehr wert. Da denk ich oft an den van Gogh. Wenn der Bruder von dem damals dat Ohrläppchen aufbewahrt hätte.

Jünemann: Die Bilder! Herr Becker, dat ist dat Wertvolle!

Becker: Ach die Bilder, die kriegen Sie heutzutage an jeder Kitschbude als Tagesdecke nachgeschmissen, aber so'n van-Gogh-Öhrchen hab ich noch in keiner Konditorei gesehen.

Jünemann: Dat ist jetzt dat Tolle an dem Joschka Fischer, dat man dem jetzt keine Steine mehr in den Weg legen kann. Denn wenn die Partei-Freunde von dem was wollen, dann heißt es immer, Genosse Fischer ist außer Haus.

Becker: Ja, der ist im Außendienst, der hat en Termin.

Jünemann: Ja, der ist in den Staaten, der kommt erst nächste Woche zurück.

Becker: Ja, und wann kann ich den dann erreichen?

Jünemann: Ja, probieren Sie et mal zwischen viertel vor elf und … obwohl, der ist dann gleich wieder weg.

Becker: Nee, anrufen können Sie den nicht, im Flugzeug muss der es Handy ausschalten.

Jünemann: Und ich hab mich eigentlich immer gewundert, warum der Fischer immer dieses Grünen-untypische Außenministerium haben wollte.

Becker: Bei der Partei ist das dat Allerbeste, wenn man viel aus dem Haus ist.

11.12.1998 Menschenrechte und Pinochet

Becker: Herr Jünemann, der Pinochet muss ja heute zum Verhör!

Jünemann: Ja, das ist natürlich ein ungünstiges Timing für den! Einen Tag nach dem 50. Geburtstag der Menschenrechtskonvention!

Becker: Ja, das ist für so einen Diktator gar nicht gut.

Jünemann: Nee, nee, da wird ja noch mal so richtig deutlich, dass die Menschen im Allgemeinen netter miteinander umgehen sollen, als das so'n Diktator zu tun pflegt.

Becker: Der Pinochet, der betrachtet Morden und Foltern als sein gutes Recht.

Jünemann: Ja, für den ist Foltern ein Menschenrecht.

Becker: Und übrigens, für zwei Drittel der Uno-Mitgliedsstaaten auch. Dat ist ja dat Verrückte: Alle haben vor 50 Jahren die Präambel unterschrieben, aber nur ein Drittel hält sich dran.

Jünemann: Die ham dat so gemacht nach dem Motto: Dat, wat ich da unterschreibe, dat gilt vor allem für die andern Länder, für mich nicht. Aber sagen Sie mal, Herr Becker, wat steht denn da eigentlich drin?

Becker: Da steht drin: Kinders, macht, wat ihr wollt, aber gefoltert wird nicht.

Jünemann: Tatsächlich?

Becker: Ja, sinngemäß!

Jünemann: Aber, dat Problem is ja, wie kommt man an dem Punkt endlich mal weiter?

Becker: Ich hätte einen Vorschlag: Bei allen Staatsbesuchen in Ländern mit Menschenrechtsverletzungen müssen unsere Regierungschefs zuerst mit Menschenrechtsvertretern und Dissidenten sprechen. Und erst am nächsten Tag mit dem Präsidenten.

Jünemann: Ja, das stimmt, das haben Diktatoren gar nicht gern, wenn sie erst als Zweites drankommen.

Becker: Ist ja dann quasi wie zweite Wahl!

Jünemann: Und die Presse sollte grundsätzlich dat Foto von den Dissidenten größer machen als dat vom Diktator.

Becker: Ja, Li-Peng so klein mit Hut.

Jünemann: Die meisten von den Diktatoren sind ja eitel bis zum Abwinken. Mit ihren Fantasieuniformen und selbst verliehenen Orden.

Becker: Und dat halten die auf Dauer nicht aus. Sehen Sie mal, einsperren, so wie den Pinochet, das kann man ja bei den meisten im Moment noch nicht.

Jünemann: Nee, nee, da ist der Pinochet ja erst der Anfang. Ich hoffe, dat dat Schule macht, aber solange die andern noch frei rumrennen, müssen wir die mit ihrer eigenen Eitelkeit bestrafen.

Becker: Folterer, grundsätzlich zweite Wahl!

Jünemann: Die werden so behandelt wie jemand mit ganz starkem Mundgeruch.

Becker: Und die, die mit Diktatoren und Folterern wie Pinochet befreundet sind oder waren, dürfen grundsätzlich keine Namensgeber für öffentliche Einrichtungen sein.

Jünemann: Wie meinen Sie das?

Becker: Ja, zum Beispiel Franz-Josef Strauß, der war doch mit Pinochet dicke Freund, jetzt wird der Franz-Josef-Strauß-Flughafen umbenannt in Karl-Valentin-Flughafen.

Jünemann: Und der Kaufhof in Liesel Karstadt, jetzt nicht wegen Folterei, sondern wegen der Gleichberechtigung.

Becker: Ja, und der Flughafen Düsseldorf-Lohausen, also dieser Lohausen, der war bestimmt auch mit nem Diktator befreundet, den Düsseldorfer Flughafen benennen wir jetzt um in Wolfgang-Neuss-Flughafen.

Jünemann: Moment, Herr Becker, Lohausen ist ein Stadtteil von Düsseldorf.

Becker: Ah so!

Jünemann: Da wohnen meine Eltern, und die sind in Ordnung.

Becker: Ach, dat wusst ich nicht.

Jünemann: Das ist ja auch das Problem bei den Menschenrechten, man weiß zu wenig.

Frühstückspause

15.01.1999 **Der integrierte Doppelpass**

Becker: Herr Jünemann, wenn ich die CDU da richtig verstanden habe, dann machen die diese bescheuerte Unterschriftensammlung tatsächlich!

Jünemann: Ja, ja, am Wochenende soll die Aktion gegen die doppelte Staatsbürgerschaft starten!

Becker: Trotz Protest aus der eigenen Partei.

Jünemann: An den Protesten sieht man ja, in der Union gibt es auch ein paar vernünftige Leute.

Becker: Ja, wenn Sie Zeit haben zu suchen.

Jünemann: Wer zwei Sprachen kann, kann auch zwei Pässe haben.

Becker: Oder so'n Typ wie der Peter Ustinov, der acht Sprachen kann. Der kann auch acht Pässe haben.

Jünemann: So ein Leben ist lang. Auch wenn ich jetzt in Deutschland lebe, vielleicht zieh ich ja in zehn Jahren nach Bayern.

Becker: Ohwei!

Jünemann: Ich liebe die Berge! Da bin ich doch froh, wenn ich da noch nen gültigen Skipass hab!

Becker: Ja gut, in Bayern sind Sie zwar ein Fremder, aber hindert Sie Ihr doppelter Skipass an der Integration?

Jünemann: Ja, die CSU behauptet das. Die sagen doch, wenn ich in Bayern noch einen deutschen Pass besitze, dann bring ich auf jedes Oktoberfest en Glas Kölsch mit.

Becker: Sie, Herr Jünemann, ließen sich laut CDU in Bayern nicht integrieren, solange Sie Ihre rheinische Staatsangehörigkeit nicht aufgeben!

Jünemann: Deshalb blasen die eine Sache, die in Europa in vielen Ländern völlig normal ist, jetzt an den Tapeziertischen der Einkaufszonen zum großen Angstpopanz auf.

Becker: Die CDU als Gespensterpartei. Schäuble ist der Chef der Geisterbahn, Stoiber hatte die Idee, und Rüttgers reißt die Karten ab.

Jünemann: Nur Altmeier, Geißler und Süssmuth stehen davor und sagen, geht da bloß nicht rein, euch erwartet sowieso nur populistischer Driss.

Becker: Tanz der Vampire: Die CDU verteidigt das Blutrecht von 1913! Hoaa! Demnach sind Sie ja nur Deutscher, wenn Sie deutsches Blut in den Adern haben.

Jünemann: Ja, und wie find ich das raus?

Becker: Vampir Schäuble beißt Ihnen in die Kniekehle, und dann kommt das in die Gerichtsmedizin.

Jünemann: Also dieses Blutrecht besagt, ich bin nur Deutscher, wenn ich deutsche Vorfahren habe, also wenn ich deutschen Blutes bin. Auf so nen Quatsch steht die CDU.

Becker: In Frankreich ist man einfach Franzose, wenn man da geboren ist.

Jünemann: Oder gut Fußball spielen kann. Mit ihren doppelten Staatsbürgern haben die doch die WM gewonnen!

Becker: Ich muss Ihnen ehrlich sagen, Herr Jünemann, ich könnt niemals CDU wählen!

Jünemann: Warum?

Becker: Ich kann kein Blut sehen!

Frühstückspause

22.01.1999 **Internationales Korruptionskomitee**

Becker: Herr Jünemann, das internationale olympische Komitee wird ja jetzt komplett verhaftet!

Jünemann: Ja? Warum?

Becker: Kriminelle Vereinigung! Und das sag ich jetzt Ihnen als Sportfan mal direkt ins Gesicht: Für mich ist Leistungssport nichts anderes als organisierte Kriminalität.

Jünemann: Ja gut. Dass es da Auswüchse gibt, und dat da der ein oder andere Tennisspieler oder Radrennfahrer und der Fußballer vielleicht auch sich mal mit Doping ernährt. Aber das ist ja nur der ein oder andere. Gut der andere auch!

Becker: Und bei den Funktionären derselbe Fall: Die sind zwar nicht gedopt, aber bis unter die Zähne bewaffnet.

Jünemann: Wieso, die sind doch nicht bewaffnet.

Becker: Doch! Dieser Samuranch, dieser olympische Festkomiteepräsident, der lässt sich doch immer Waffen schenken, Vorderlader, Hinterlader, Samuraischwerter.

Jünemann: Herr Becker, das waren einfache Gastgeschenke, ein oder zwei Messerchen!

Becker: Ha! Der hat so viele Waffen eingesackt, der könnte die gesamte amerikanische Nationalmannschaft niedermetzeln und für jeden Spieler ein anderes Schwert benutzen. Und der hätte dann immer noch die Schränke voll hängen.

Jünemann: Gut, das ist ein alter Mann, der hat sonst nicht mehr viel Freude im Leben, außer an Waffen. Den ändern wir nicht mehr. Dat kennt der schon von Franco.

Becker: Sport ist Mord, dat können Sie drehen und stechen, wie Sie wollen. Schon der erste Mann, der da von Marathon angelaufen kam, der ist doch auch gleich bei tot geblieben. Da hat man doch schon gesehen, wohin das führt.

Jünemann: Herr Becker, es gibt auch schöne Seiten beim Sport, zum Beispiel Paarlaufen im Eistanz oder Bayern München.

Becker: Ja gut, der Mensch braucht Bewegung.

Jünemann: Ja, sehen Sie!

Becker: Die einzige Sportart, die ich persönlich für sinnvoll halte, ist Fahrradkurier. Ich finde, auch wenn die da rumrennen, dann sollen die auch wat mitnehmen. Mach ich doch auch. Wenn ich aus dem Haus geh, nehm ich auch den Müll mit runter. Und wat machen die Sportler? Nur um ein oder zwei Treppchen höher zu stehen, rennen die Deppen 100-mal um den Block.

Jünemann: Herr Becker!

Becker: Und die Blockwarte, die das organisieren, sind bestochen bis in die Speerspitze. IOC: Internationale olympische Corruption.

Jünemann: Ja, aber da muss man auch Verständnis für haben, dass da Missstände vorkommen können. Sehen Sie mal, bei olympischen Spielen, da geht's um so viel Geld, da ist doch klar, dat da der eine oder andere versucht, diesen Geldsegen in seine Stadt zu lenken! Und schon haben Sie Korruption!

Becker: Da haben Sie Recht, da würd ich auch Millionen für auf en Tisch legen, damit diese olympische Schnapsidee nur ja nicht in meine Stadt kommt.

Frühstückspause

29.01.1999 **Ausstiegsluke**

Becker: Herr Jünemann, ham wir denn jetzt den Ausstieg aus der Atomenergie oder nicht?

Jünemann: Ja, ich weiß et auch nicht. Ich hab den Eindruck, wir haben zwar den Ausstieg, aber der wird wieder aufgearbeitet.

Becker: Ja, die Atomindustrie, die will sich den Ausstieg natürlich auch von uns Steuerzahlern vergolden lassen.

Jünemann: Wir waren so blöd, Herr Becker. Wir hätten vor 20 Jahren nicht rufen müssen: »Bafög, ja bitte! Atomkraft, nein danke!«, sondern wir hätten in die Atomwirtschaft investieren müssen! Aktien kaufen!

Becker: Wieso?

Jünemann: Dat wär dat beste Bafög aller Zeiten gewesen. Wat die Atomindustrie den Staat gemolken hat, da sind wir Studenten nie rangekommen.

Becker: Ach so, ha, man hat ja früher die Atomkraftgegner und Studentenprotestler immer als die Leute beschimpft, die alles bestreiten, nur nicht ihren Lebensunterhalt.

Jünemann: Im Mittagsmagazin begrüßte damals hier auf WDR 2

Klaus-Jürgen Haller um 12 Uhr die Hörer mit den Worten: »Guten Tag, meine Damen und Herren, guten Morgen, liebe Studenten!«

Becker: Ein Supergag! Aber währenddessen hat sich die Energiewirtschaft vom Staat die Atomkraftwerke bauen lassen. Milliardenbeträge musste der Steuerzahler dafür hinlegen.

Jünemann: Und im Gegensatz zu den Studenten mussten die das nie zurückzahlen!

Becker: Nö, dat war in Kalkar und überall auf Nimmerwiedersehen versickert.

Jünemann: Und jetzt muss der Otto-Normalstromverbraucher und die kleine Steckdose auf der Straße denen auch noch die Milliarden in den radioaktiven Hintern blasen, damit die mit dem groben Unfug wieder aufhören. Hätten wir damals einfach nur ein paar Atomaktien gekauft, hätten wir gar nicht studieren brauchen.

Becker: Genau, wir hätten uns einfach faul auf dat Sofa legen sollen, et Einzige, wat ich studiert hätte, wären die Aktienkurse!

Jünemann: Die sind ja auch prompt nach dem Energie-Kompromiss gestern kräftig wieder gestiegen.

Becker: Und die kompromisstieren so lange am Ausstieg rum, bis den Grünen der Ausstieg aus der Regierung gelingt.

Jünemann: Na, wenn der Schröder sich da mal nicht täuscht, da muss nur ein kleiner Fehler im Notkühlsystem der Koalition auftreten …

Becker: Oder noch mal so ne Art Tschernobüllerbü. Wo so lustige Kinder geboren werden mit nur einem Auge oder drei Händen …

Jünemann: Stimmt! Dann ist der Börsencrash aber perfekt.

Frühstückspause

12.03.1999 Lafontaines Rücktritt

Becker: Herr Jünemann, also ich muss sagen: Ich kann es ja verstehen, dat man mal so richtig die Brocken hinschmeißt und sagt: »Leckt mich doch alle am Arsch!«

Jünemann: Na ja, ob er das wirklich so wörtlich gesagt hat, wissen wir jetzt nicht.

Becker: Ja, wir wissen sowieso sehr wenig.

Jünemann: Aber man kann es sich vorstellen. Der Oskar Lafontaine müht sich da ab, hält die Partei zusammen, führt die Sozialdemokratie seit dem Mannheimer Parteitag zu nie gekannter Geschlossenheit ...

Becker: ... und schließlich auch zum Sieg. Kämpft dabei immer für die Armen und Entrechteten,

Jünemann: ... müht sich dafür ab, dass die bei der Steuerreform wenigstens ein paar Pfennig mehr in der Tasche haben.

Becker: Und dann lässt sich Schröder, der eitle Fatzke, trotz vier Millionen Arbeitsloser im 4000-Marks-Mantel für so'n überflüssiges Livegeilmagazin fotografieren.

Jünemann: Das passt einfach nicht in das Bild: SPD, Partei des kleinen Mannes.

Becker: Doch! Der Schröder ist doch nur 1,69!

Jünemann: 1,74, aber in handgenähten Pferdeschuhen für 1 100 Mark ist der gleich zwei Meter achtzig!

Becker: Ich glaube ja, der Oskar Lafontaine ist zurückgetreten, weil der hat einfach nicht so Designerklamotten!

Jünemann: Mit Sicherheit nicht. Soll ich Ihnen mal was sagen? Wenn der Oskar Lafontaine rumlaufen könnte, wie er wollte, dann säh der aus wie Sie, Herr Becker!

Becker: Wie ich?

Jünemann: Ja! Kariertes Hemd! Second-Hand-Weste für zwanzig Mark und ausgebeulte Jeans.

Becker: Ist dat denn so schlimm?

Jünemann: Nö! Wer et tragen kann! Und soll ich Ihnen mal wat sagen? Der Lafontaine, der kann dat jetzt!

Becker: Dat is richtig, wat Sie sagen! Der braucht auf keinen EU-Gipfel mehr. Der braucht nicht mehr in die Bundesbank, der braucht nicht mal mehr in den Bundestag! Der Mann hat einfach alles hingeschmissen und nach der Devise »Leistung muss sich wieder lohnen!« gesagt: »Mer müsse – erste mal jar nix!«

Jünemann: Das ist der krasseste Fall von Politikverdrossenheit, der bisher vorgekommen ist.

Becker: Herr Jünemann, soll ich Ihnen mal wat sagen? Der Oskar Lafontaine, der wählt noch nicht mal mehr SPD!

Jünemann: Herr Becker, ich kann es verstehen!

Becker: Ja! Nur eins würde mich jetzt mal interessieren.

Jünemann: Wat denn?

Becker: Ob der Schröder nach seinem Besuch bei »Wetten dass?« nun auch den Lafontaine persönlich nach Hause chauffiert hat?

Jünemann: Wetten, dass nicht?

Frühstückspause

15.03.1999 **Beate Uhse an der Börse**

Becker: Herr Jünemann, haben Sie das gelesen? Beate Uhse geht an die Börse.

Jünemann: Dat stimmt, dat is wirklich ganz schön teuer, dat Zeug! Wenn Sie durchgehen mi'm Einkaufswagen, dann ist die Börse hinterher leer! Ist ja unglaublich, was so'n Sexplunder kostet.

Becker: Ja wie viel denn?

Jünemann: Weiß ich jetzt auch nicht, ich selber kauf da ja nicht ein, aber so vom Hörensagen!

Becker: Eigentlich wundert mich dat ja! Dat die nicht schon längst an der Börse war, die Beate Uhse. Denn mit so Sex-Shops, da macht die doch bestimmt Dividende ohne Ende. Da kommt die doch von ihrem Höhepunkt gar nicht mehr runter.

Jünemann: Aber gerade an der Börse, da ist das doch super, wenn da mal so'n Vibrator en bisschen Bewegung reinbringt.

Becker: Et gibt Optionsscheine und Genuss-Scheine. Und da würd mich nicht wundern, wenn die Beate Uhse mit ihren 80 Jahren den Rentenmarkt wieder aufpäppelt.

Jünemann: Ach sicher, sehen Sie mal so ne Gummipuppe, das sind doch fest verzinsliche Werte. Die kriegen Sie auch in allen Größen. Als Bundesanleihe oder als Investmentzertifikat.

Becker: Ich bin mir sicher, dass so ein Pornoindex das Frankfurter Wixing erheblich spannender macht. Denn das wissen wir doch, Herr Jünemann, die meisten finden Aktienkurse geil.

Jünemann: Genau, warum dann nicht noch ein Straps-Index? An der Börse wird ja immer spekuliert, da holt sich so mancher einen runter, und wenn er dann unten ist, der Kurs, dann wird gekauft.

Becker: Und dann will jeder wissen, wann ist der echte Höhepunkt zum Abstoßen.

Jünemann: Und das fließt ja auch alles, man nennt das ja auch Floating. Hier im Börsenteil, Herr Becker, les ich gerade, der deutsche Aktienindex fiel im Frankfurter Parkettgeschäft, trotz hoher Kursgewinne der Banken.

Becker: Herr Jünemann, wenn die das auf'm Parkett treiben, horizontaler geht das Gewerbe gar nicht. Ich muss sagen, die Beate Uhse passt da super rein.

Jünemann: Die sollte doch mit der Telekom fusionieren!

Becker: Wieso?

Jünemann: Ja wegen Telefonsex.

Becker: Ich mein, der Vorstandschef von Beate Uhse, Hans Dieter Thomsen, hat ja den Erfolg des Unternehmens so erklärt: »Sex ist das dritte Grundbedürfnis nach Essen und Trinken. Davon profitieren wir.«

Jünemann: Nee, das ist aber Quatsch! In Deutschland ist die Reihenfolge anders. Erst kommt Trinken, dann Essen und dann Auto fahren, dann Fernsehen und dann erst Fi..., eh vie... vielleicht Beate Uhse.

Frühstückspause

19.03.1999 Schwarzgrün ist die Haselnuss

Becker: Herr Jünemann, der Trittin, der hat doch schwer einen an der Klatsche!

Jünemann: Wieso? Der hat doch Recht, die SPD ist doch von der CDU kaum zu unterscheiden!

Becker: Ja, natürlich hat der Recht. Aber wenn er rotgrün als Reformprojekt öffentlich für tot erklärt, dann möchte ich gefälligst ne Einladung zur Beerdigung! Dann auch richtig Schluss machen, mit Leichenschmaus und allem!

Jünemann: Oder es gibt noch eine andere Möglichkeit …

Becker: Wat soll dat denn sein? Tot ist tot!

Jünemann: Jürgen Trittin glaubt an die Wiederauferstehung!

Becker: Aha! Das erklärt auch seine plötzliche Sympathie zur christlich-demokratischen Union: Christlich-grün ginge auch, hat er gesagt.

Jünemann: *(gesungen)* »Schwarzgrün ist die Haselnuss …«

Becker: Schwarzgrün bin auch ich. Das singt sich lustig, aber ist doch wirklich Quatsch!

Jünemann: Nee, ich hab Verständnis für den Mann! Gucken Sie mal, der ist ein grüner Umweltminister, und wat darf er? Nix!

Er darf keine Atomkraftwerke abschalten. Er darf kein Tempolimit verordnen …

Becker: Ja, aber so wat weiß man doch vorher: Umweltminister durften noch nie wat!

Jünemann: Ja, aber dann waren die von der CDU, Töpfer und Merkel, da wusste doch jeder, die interessieren sich gar nicht für die Umwelt, deren Ministerium war immer so ne Art ABM-Stelle!

Becker: So'n Zwischen- oder Endlager für altgediente Parteisoldaten. Angela Merkel sieht doch heute noch aus wie der Dioxintester vom Chemiekombinat Bitterfeld!

Jünemann: Ja, wenn man die sah, der konnte man am Gesicht ansehen, die hat ein Problem mit der Umwelt.

Becker: Aber der Trittin, der nimmt dat zu ernst. Der will ja wirklich aus der Atomenergie aussteigen.

Jünemann: Ja sicher! Dat hat der in seinem Parteiprogramm stehen.

Becker: Ja gut, ich bin auch gegen Atomkraft, aber so'n Aufkleber reicht doch.

Jünemann: Wie?

Becker: Ich mein, et hieß doch immer: Atomkraft, nein danke! So im Sinne, ach nein, das wär doch nicht nötig gewesen!

Jünemann: Aber wo sie schon mal da ist!

Becker: Ja eben: Dat heißt doch nicht, dat man sie gleich alle abschalten muss.

Jünemann: Dat find ich aber doch!

Becker: Gut, aber es muss doch nicht direkt sein. Es ist ja so, die Grünen haben in ihrer Jugend für den Atomausstieg gekämpft, das ist ja wie so'n Kind, das sich ne Barbiepuppe wünscht, und jetzt kriegt dat die Barbiepuppe zum Abitur; da weiß mancher gar nicht mehr, dass er sich das mal gewünscht hat. Und deswegen kommt es auf ein paar Jahre nicht an!

Jünemann: Aber Herr Becker, ich find immer noch, der Trittin hat absolut Recht. Als Koalitionspartner für die Grünen spricht für die CDU genauso viel wie für die SPD. Die sind einfach nicht mehr zu unterscheiden.

Becker: Aber Herr Jünemann, wenn Sie mir so kommen, da bitt ich Sie aber! Wir haben doch im Bundestag im Wesentlichen vier sozialdemokratische Parteien!

Jünemann: Wie bitte?

Becker: Die CDU ist im weitesten Sinne auch ne sozialdemokratische Partei.

Jünemann: Na gut, die haben nen Arbeitnehmerflügel, der ist zwar flügellahm …

Becker: Aber fürs Soziale sind die auch! Die SPD, die war ja auch mal ne sozialdemokratische Partei.

Jünemann: Ja, früher! Ich erinnere mich schwach!

Becker: Und die Grünen, die sind ja im Prinzip auch sozialdemokratisch. Wenn der Helmut Schmidt damals aufgepasst hätte, dann wären die Grünen heut noch alle in der SPD.

Jünemann: Na ja, wenn Sie dat so sehen, dann muss ich zugeben, dass auch der PDS langfristig nix anders übrig bleibt, als sozialdemokratisch zu werden.

Becker: Also, Herr Jünemann, die können im Prinzip alle miteinander!

Jünemann: Und wat is mit der FDP?

Becker: Ja, die ist für mich persönlich uninteressant!

Frühstückspause

07.05.1999 G-8 auf'm Petersberg

Becker: Herr Jünemann, das ist ja schön da auf'm Petersberg. Waren Sie da schon mal?

Jünemann: Nee, ich war nur als Kind nebenan auf'm Drachenfels mit der Schulklasse, war aber auch Klasse, Rhein runter mi'm Schiff und dann hoch auf'n Drachenfels.

Becker: Aber auf dem Petersberg waren Sie nicht?

Jünemann: Nee, ich war ja 7 b und nicht G-8.

Becker: Das ist eben der Klassenunterschied. 7 b auf'n Drachenfels und G-8 auf den Petersberg.

Jünemann: Das sind die, aus denen was geworden ist, wie aus dem Joschka Fischer, ne Klasse für sich.

Becker: Die sind ja alle Außenminister geworden, die ganze G-8, und stehn ja auch in ner Tradition von berühmten Vorgängern: Kissinger, Genscher, Adenauer …

Jünemann: Adenauer war aber Kanzler, nicht Außenminister.

Becker: Ja, aber für Adenauer war dat datselbe.

Jünemann: Stimmt, aber ist ja auch egal, Hauptsache Petersberg.

Becker: Und da überlegen jetzt die acht Außenminister, wie sie diesen Mist-Krieg wieder auskriegen.

Jünemann: Die sind ja noch nicht übern Berg.

Becker: Und das ist schlecht, Herr Jünemann, denn in einer Mediengesellschaft wie unserer, da darf so'n Krieg nicht viel länger als vier Wochen dauern.

Jünemann: Da haben Sie Recht, Herr Becker, man merkt dat schon an den Schlagzeilen der Boulevard-Zeitungen, da war diese Woche nicht einmal der Kosovo drauf, den Leuten reicht dat jetzt. Immer diese Bilder!

Becker: Die Presse braucht unverzüglich neues Themenmaterial.

Jünemann: So ein dreißigjähriger Krieg, dat wär heut gar nicht mehr möglich.

Becker: Ach sicher, dat können Sie heute keinem Zuschauer mehr zumuten, das hat man jetzt an der Universität wissenschaftlich untersucht. Das Interesse und die Zustimmung zu den Nato-Angriffen hat eine Halbwertzeit von ca. drei Wochen.

Jünemann: Ach, das heißt, wenn am Anfang des Krieges noch über 70% ausdrücklich dafür waren, sind es jetzt schon unter 40.

Becker: Ja, genau, steht hier. Das heißt, die Außenminister sollten voranmachen, denn das nächste Thema wird dann der Wiederaufbau.

Jünemann: Und das ist ja dringend nötig, denn unsere Konjunkturdaten, die sind ja schlecht, dat haben die ja gestern auch bei der Haushaltsdebatte betont.

Becker: Da liegen natürlich jetzt in Jugoslawien viele Bauaufträge rum.

Jünemann: Ja, momentan liegen diese noch zum Teil in der Donau rum.

Becker: Da kommt natürlich Thyssen und Krupp und Hochtief demnächst so mancher Brückenauftrag ins Haus geschneit.

Jünemann: Das ist eine Folge des Krieges. In Jugoslawien sind viele Arbeitsplätze kaputt, aber bei uns schafft das welche.

Becker: Sollen Sie mal sehen, Herr Jünemann, letztlich beschert uns das nen Bombenaufschwung.

Jünemann: Herr Becker, das, was Sie da sagen, klingt zynisch, ist aber marxistisch.

Becker: Wieso?

Jünemann: Na ja, Marx hat gesagt, der Zyklus des Krieges ist unerlässlich für eine Gesellschaft, deren Zusammenhalt auf Wirtschaftsaufschwung begründet ist.

Becker: Dä!

Frühstückspause

14.05.1999 **Vatertag**

Becker: Herr Jünemann, ich hab ja persönlich den Eindruck, dieser Vatertag gestern, der ist irgendwie von vorgestern.

Jünemann: Ja, man muss sagen, Vatertag ist eine unglaubliche Umweltverschmutzung, sämtliche Wald-, Wander-, Feld- und Wiesenwege sind durch pöbelnde, rumsaufende Väter versaut.

Becker: Wie liebreizend dagegen der Muttertag, wenn die Mutter zu Tränen gerührt vor krakeligen Kinderzeichnungen und fünf Moosröschen steht.

Jünemann: Keine Spur von Alkoholexzessen, höchstens edle Tropfen in Nuss.

Becker: Oder eine herzförmig gestaltete Packung Mon Cherie.

Jünemann: Das wär bei Vätern viel zu teuer, bis die mit Pralinen zu ihrem Vollrausch kommen, da nehmen die lieber gleich einen Bollerwagen voller Apfelkorn und Bier.

Becker: Das macht keinen guten Eindruck. Man merkt das auch am Einzelhandel, werbetechnisch traut man sich an den Vatertag einfach nicht ran.

Jünemann: Das wär zwar für die Alkoholindustrie ein, ja wat soll ich jetzt sagen, gefundenes Fressen, äh gefundenes Saufen, aber machen sie trotzdem nicht.

Becker: Nee, ist einfach zu imageschädigend. »Ein schöner Tag, die Welt steht still, ein schöner Tag, komm Welt lass dich umarmen, huuhaaalp!«

Jünemann: Normalerweise ist ja so ein Ehrentag auch dazu da, dass das jeweilige Produkt oder Gewerbe geehrt wird: Tag des Handwerks.

Becker: Tag der Menschenrechte.

Jünemann: Tag der Arbeit.

Becker: Ja gut!

Jünemann: Oder Weltkindertag, Weltspartag.

Becker: Tag der ausländischen Mitbürger.

Jünemann: Aber nicht mal die rennen dann saufend und krakeelend durch die Gegend!

Becker: Nee, dat machen nur die Väter.

Jünemann: Ist eigentlich ein katastrophales Bild, was der deutsche Vater an seinem Ehrentag abgibt. Was soll nur aus den Kindern werden?

Becker: Herr Jünemann, soll ich Ihnen mal wat sagen: Viele von diesen Vätern haben noch nicht mal Kinder.

Jünemann: Herr Becker, das kommt zu allem Übel noch dazu!

Frühstückspause

28.05.1999 **Mitgliedsbeitrag bei der FDP**

Becker: Herr Jünemann, wo waren Sie letzten Freitag?

Jünemann: Wieso? Letzten Freitag war ich doch da!

Becker: Stimmt! Da haben Sie jetzt Recht. Da waren Sie da.

Jünemann: Natürlich war ich da!

Becker: Stimmt, letzten Freitag war das gar nicht, wann haben Sie nochmal verschlafen? Am Freitag davor war dat.

Jünemann: Nein, nee, am Freitag davor, also vor drei Wochen, da hatt ich verschlafen, dat geb ich zu.

Becker: Nee, ist ja auch nicht schlimm.

Jünemann: Aber doch so, dat Sie dat nochmal angesprochen haben wollten.

Becker: Nee, nur heute wär et mir fast passiert. Bei dem Wetter wird et ja auch immer spät abends. Und soll ich Ihnen wat sagen: Wenn dat Wetter so schön ist, dann interessiert mich Politik überhaupt nicht, da könnt ich die ganze Nacht im Biergarten rumsitzen und blödes Zeug reden.

Jünemann: Herr Becker, dat machen Sie doch immer. Schön Wetter hin oder her. Aber im Grunde machen dat ja alle, wie jetzt auch zum Beispiel heute auf'm FDP-Parteitag, da sitzen die alle rum, reden blödes Zeug und spielen jetzt das Armenhaus Europas.

Becker: Ja, dat hab ich auch gehört, die FDP hat kein Geld mehr. Steht vor der Pleite.

Jünemann: Die müssen die Mitgliedsbeiträge drastisch erhöhen, sonst gehen die ganz liberal von der Westerwelle in die Konkurswelle.

Becker: Dat begreif ich ja nicht. Dass eine Partei, die sich selber in Sachen Wirtschaft für voll kompetent hält, die eigenen Finanzen nicht geregelt kriegt.

Jünemann: Wirtschaftsliberalismus, Freier Markt, dat Parteiprogramm der FDP heißt doch: Geld regiert die Welt. Nieder mit dem Sozialstaat, das regelt alles die Wirtschaft.

Becker: Da wundert es einen dann doch, dass die Wirtschaft da nicht die FDP mehr unterstützt.

Jünemann: Nee, Herr Becker, das ist Angebot und Nachfrage, und als Oppositionspartei hat die FDP der Wirtschaft erst mal nicht viel anzubieten.

Becker: Nee, da wird die abgewickelt.

Jünemann: Die müssen ihr Geld woanders herkriegen.

Becker: Ja, die müssen mal wieder ein paar Aktionen machen. Freies Unternehmertum, der Möllemann springt wieder irgendwo mi'm Fallschirm ab, und da steht dann Werbung drauf. Rügenwalder Teewurst, da haben die doch schon wieder 40 000 Mark im Sack.

Jünemann: Wenn der Fallschirm aufgeht!

Becker: Ja, und wenn der Fallschirm nicht aufgeht?

Jünemann: Och, dann gibt's das Doppelte!

Becker: Oder Westerwelle macht einen eigenen FDP-Wagen auf dem Christopher Street Day: Unser Ziel – Clearasil.

Jünemann: Oder der Wolfgang Gerhardt, dieser freie Unternehmerkonsumolze, der könnt doch Superwerbung machen für … für … für …

Becker: Och, für alles. Wer kein Gesicht hat, kann auch keins verlieren! Immer her mit der Knete. Aber wie ich den Laden kenne, leben die jetzt von Sozialhilfe.

Jünemann: Eben, auf originelle Ideen kommen die nicht, das Einzige, was denen einfällt, ist, Mitgliedsbeiträge erhöhen. Wissen Sie, wat dat für mich ist? Ein Armutszeugnis!

Becker: Dat bringt doch nix, die haben doch überhaupt keine Mitglieder.

Frühstückspause

02.07.1999 **Naked Biken**

Becker: Herr Jünemann, so Trends aus Amerika, die kommen ja mit Verspätung alle auch mal zu uns.

Jünemann: Zum Beispiel: Weltpolizei spielen. 1991 im Golfkrieg, da waren wir noch nicht dabei, aber jetzt machen wir auch mit.

Becker: Und wissen Sie, wat jetzt in Amerika total angesagt ist?

Jünemann: Nä!

Becker: Nudist Biker Association!

Jünemann: Wat?

Becker: Naked Biken.

Jünemann: FKK auf'm Fahrrad oder wat?

Becker: Nee, auf'm Motorrad: FKK auf BMW!

Jünemann: Ohwei, und wat hat man davon?

Becker: Ja, die sagen, dat wär dat wirklich vollkommene Gefühl der Freiheit. Nackt im Wind.

Jünemann: Nackt im Fahrtwind. Wobei ich sagen muss, das ist ja quasi ein Maßanzug, die Haut ist ja aus Leder! Nur noch nicht gegerbt.

Becker: Aber dat passiert von selber, wenn die sich auf die Fresse legen.

Jünemann: Vielleicht fahren die dann aber auch besonders vorsichtig, um ihre eigene Haut zu retten.

Becker: Früher hat man gefragt: Woran erkennt man den freundlichen Motorradfahrer?

Jünemann: Weiß ich nicht!

Becker: An den Fliegen zwischen den Zähnen.

Jünemann: Aha! Und woran erkennt man den nackten Motorradfahrer?

Becker: Dat weiß jetzt ich wieder nicht!

Jünemann: An den Hummeln im Hintern!

Becker: Ach, das Wort Tankrucksack bekommt eine völlig neue Dimension!

Jünemann: Und die Federbeine kann man sich bildlich schön vorstellen.

Becker: Ja, sind ja nicht nur Männer auf Motorrädern. Also das Warten im Stau könnte das schon verschönern. Stehen sie mitten im Großstadtverkehr und dennoch am Busen der Natur.

Jünemann: Aber schön ist dat nur, solange nix passiert.

Becker: Ich muss da immer an Nicki Lauda denken. Dem haben sich ja die Haarnadelkurven des Nürburgrings ins Gesicht eingefräst. Also, in dem seiner Haut möchte ich nicht stecken.

Jünemann: Und der ist noch nicht mal nackt gefahren.

Becker: Aber wie gesagt, diese amerikanischen Trends kommen ja bei uns immer mit zeitlicher Verzögerung. Also mit diesem Trend hier – Naked Biken – rechne ich so um die Weihnachtszeit.

Frühstückspause

30.07.1999 Der freche Eddy Irvine

Becker: Ach, Herr Jünemann, Sie haben wieder den Sportteil. Den wollt ich doch lesen!

Jünemann: Sie? Sie haben doch von Sport so viel Ahnung wie die deutsche Nationalmannschaft vom Fußball! Herr Becker, wer zum Beispiel ist Eddy Irvine?

Becker: Ja, dat sagt mir jetzt so direkt nix.

Jünemann: Dat hab ich mir gedacht. Herr Becker, Eddy Irvine ist im Moment die Nummer eins in der Formel 1 bei Ferrari.

Becker: Ach so, Formel 1. Dat kenn ich! Das ist doch diese Extremsportart, wo die mit 300 Sachen in so Reifenstapel reinbrettern und sich dann hinterher wundern, dat sie et Bein in Gips haben.

Jünemann: Ach, dat haben Sie dann doch mitgekriegt?

Becker: Sicher dat. Dat stand doch auf der ersten Seite. Der Mischaell Schumacher verletzt. – Herr Jünemann, soll ich Ihnen mal wat sagen? Der Schumi, der soll ja nicht so rumjammern, ihm tät dat Bein jucken im Gips. Für normal wär der jetzt tot.

Jünemann: Sicher. Aber wat is heutzutage schon normal?

Becker: Normal müsst in so ne Kurve ne Geschwindigkeitsbegrenzung hin, da müssten die alle auf 250 runter. Aber die fahrn ja all wie die Bekloppten. Mein Wagen, Herr Jünemann, der regelt bei 250 automatisch elektronisch ab.

Jünemann: Bei Ihrem alten Käfer?

Becker: Mmh. Das ist sehr gut, gerade wenn man viel in Wohngebieten unterwegs ist.

Jünemann: Aber dat geht ja in der Formel 1 nicht. Dann wär ja der ganze Spaß weg. Dann wär der Schumacher nicht im Krankenhaus, der Coulthard könnte dem Häkkinnen nicht ins Heck brettern, der Irvine auch nicht so ne große Klappe riskieren …

Becker: Wat is denn mit dem Irvine?

Jünemann: Der ist die Krankenvertretung vom Schumi bei Ferrari. Und plötzlich ist die Vertretung schneller als das Original.

Becker: Au, da dreht sich der Schumi aber vermutlich jetzt im Grabe um.

Jünemann: Nee, im Bett.

Becker: Ach ja, der ist ja zurzeit noch am Leben, also der wär für normal zwar tot, aber der hat ja nur'n Gipsbein. Sagt man ja auch: besser'n Gipsbein als ein Bleifuß.

Jünemann: Jedenfalls ist Krankenvertretung Irvine nicht nur schnell, sondern auch frech wie Dreck: Während Schumacher von der Unfallchirurgie aus tatenlos zusehen muss, wie die Formel 1 gewinnt, stichelt der irre Irvine immer mehr gegen Schumacher.

Becker: Wie, wat sagt der denn?

Jünemann: Ja hier, kann ich Ihnen vorlesen: Wer weiß, ob Michael überhaupt noch mal zurückkommt? Der Unfall wird ihn sicher nicht schneller machen. Ich könnte nicht sagen, sagt Irvine, ob ich mir an Schumachers Stelle, mit Frau und zwei Kindern, das alles noch mal antun würde.

Becker: Der ist ja gut drauf. Das ist ja Formel-1-Mobbing vom Feinsten. Warum übertragen die das nicht im Fernsehn. Dat würd sogar ich gucken.

Jünemann: Die neue Trendsportart: Mobbing. Der große Preis von Intriganapolis. Da kann man sich zwar auch bei verletzten, gegenseitig, aber nicht so gefährlich!

Becker: Och, sagen Sie dat nicht: Sport ist Rufmord.

Frühstückspause

13.08.1999 **Grüner Salat**

Becker: Herr Jünemann, wissen Sie, wat mir neulich so aufgefallen ist: Der berühmte alte Kopfsalat, also der grüne Salat an sich, der ist … der hat ausgedient. Der ist nur noch ein reiner Serviervorschlag. An sich kriegen Sie den gar nicht mehr.

Jünemann: Aber hat der auch verdient. Wenn ich mir dat vorstelle, früher im Ausflugslokal, der grüne Salat, angemacht mit Kondensmilch und Zucker, da wird mir heut noch schlecht.

Becker: Da kann der Salat natürlich nix dafür.

Jünemann: Nee, aber er musste seinen Kopf dafür hinhalten.

Becker: Und heute gehört er zum alten Eisen fürs Blut.

Jünemann: Früher, da war der Kopfsalat nach der Kartoffel das Grundnahrungsmittel Nummer eins, der hat Deutschland nach dem Krieg wieder hochgebracht.

Becker: Ja sicher, der wuchs doch überall. In Parkanlagen, in Blumenrabatten. Damit man überhaupt wat hatte.

Jünemann: Aber heute ist er nur noch Dekoration.

Becker: Sagen wir mal, das vegetarische Alibi auf'm Doppel-Whopper.

Jünemann: Heute essen doch alle nur noch Lollo Rosso und Rucola! Und so ein Salat nur mit so grünem belasteten Blattzeug, so nen Salat wollt ich auch gar nicht mehr. Herr Becker, ich hab mich dermaßen an Rucola gewöhnt.

Becker: Herr Jünemann, soll ich Ihnen mal wat sagen?

Jünemann: Ja, bitte!

Becker: Salat ohne Rucola, dat ist für mich gar kein Salat.

Jünemann: Derselbe Fall im Senf, Herr Becker. Normaler einfacher Gebrauchssenf aus der Tube, den kriegen Sie höchstens noch an der Billigpommesbude im Gewerbegebiet.

Becker: Aber der gemeine Normalsenf, der muss heute aus Dijon kommen. Dijon ist die Senfstadt Nummer eins.

Jünemann: Das ist richtig, auf der ganzen Welt gibt Dijon immer seinen Senf dazu. Das ist auch so eine hässliche Stadt, die hat ja nix anderes. Nur Senf!

Becker: Herr Jünemann, soll ich Ihnen mal wat sagen? Senf ohne Dijon, das ist für mich gar kein Senf.

Jünemann: Der selbe Fall in der Wurst, die altgediente Bockwurst, das Würstchen in der Eigenhaut …

Becker: Im Seitling.

Jünemann: Im Naturdarm. Jedenfalls, die ist vom Aussterben bedroht.

Becker: Das ist jetzt interessant, da orientiert man sich jetzt mehr am Osten, da kommt auch der Franzose nicht ran, nee, da gibt's nur noch Thüringer und Krakauer.

Jünemann: Und wenn die aus dem Westen kommen, dann sind das so verkümmerte kleine Würstchen aus dem Bioladen.

Becker: Nürnberger, das sind immer sechs so kleine Dinger. Also das ist so: Beim Salat isset italienisch, beim Senf der Franzose und bei den Würstchen die Ossis und die Polen.

Jünemann: Hab ich auch nix dagegen, wenn's schmeckt.

Becker: Nur der Urlaub, der bleibt nach wie vor typisch deutsch!

Jünemann: Sicher, immer Mallorca.

Becker: Eben, kann ja nu auch nicht alles aus'm Ausland kommen!

Frühstückspause

24.09.1999

Handwerkerpause

Jünemann: Herr Becker, wissen Sie eigentlich, worin die wahre Kunst des Handwerkers besteht?

Becker: Nö!

Jünemann: In der Pause!

Becker: In der Pause???

Jünemann: Ja, ein Handwerker ist in seinem Handwerk erst vollendet, wenn er das Handwerk der Pause perfekt beherrscht.

Becker: Wieso, wir machen doch auch hier Pause, da muss man doch nich für in die Lehre gehen.

Jünemann: Nein, das Geheimnis der Handwerkspause besteht darin, dass sie nur im Stehen durchzuführen ist.

Becker: Och, dat is aber unbequem.

Jünemann: Nö, dat finden die gar nicht, müssen Sie mal unauffällig beobachten: Der Handwerker pausiert ganz entspannt im Stehen und tut quasi nix.

Becker: Warum steht er denn? Könnt er doch auch im Sitzen.

Jünemann: Aber nur im Stehen kann er sofort so tun, als ob er was tut. Wenn jemand kommt, ist durch eine kleine Handbewegung die Pause optisch zur Arbeit mutiert.

Becker: Ja stimmt, wenn die Pause im Sitzen ist, dann geht dat nicht.

Jünemann: Nä, Sitzen sieht immer Scheiße aus.

Becker: Bei Handwerkern. Dagegen bei Beamten ist Sitzen normal, bei denen ist Stehen das Synonym für Stress.

Jünemann: Dat stimmt, ein Beamter, der steht, der hat Stress. Sonst säß der.

Becker: Darum beherrscht der Beamte auch perfekt die Pause im Sitzen. Durch eine kleine Handbewegung, und sei es mit dem linken kleinen Finger, mutiert beim Beamten die Pause visuell in hektische Betriebsamkeit.

Jünemann: Da haben Sie Recht. Das ist gut.

Becker: Wobei der Handwerker auch Pause im Sitzen macht. Hab ich schon gesehen.

Jünemann: Ja! Dat is dann die offizielle Pause von neun bis neun Uhr fünfzehn. Die macht der im Sitzen, da brauch er ja nicht stehen, weil da kommt ja keiner. Die andern haben ja auch Pause.

Becker: Dat is ja bei uns auch nicht anders. Jetzt sitzen wir und machen offizielle Frühstückspause von 9 Uhr 45 bis 9 Uhr 55. Dat is ja im Tarifvertrag verankert.

Jünemann: Und danach stehen wir im Flur. Dat is dann nicht mehr verankert.

Becker: Und wenn jemand um die Ecke kommt, wie zum Beispiel Fritz Pleitgen oder Adolf Buddha Krämer, dann tun wir so, als wenn wir wat ganz Wichtiges zu bereden hätten. Da können wir ruck, zuck! umschalten.

Jünemann: Und wenn der wieder weg ist?

Becker: Dann reden wir so'n Unsinn wie jetzt auch. Aber nicht weitersagen!

Frühstückspause

15.10.1999

Steffi und André

Becker: Herr Jünemann, ich versteh ja nix vom Sport …

Jünemann: Ja, dat weiß ich!

Becker: Deshalb frag ich lieber jemanden, der sich damit auskennt.

Jünemann: Ja, dann fragen Sie mich mal.

Becker: Nee, an Sie hab ich da gar nicht gedacht, denn ich glaube, diese Sportart, da kann fast jeder mitreden.

Jünemann: Wat meinen Sie denn jetzt?

Becker: Ja, wat die Steffi da treibt!

Jünemann: Ach so, unser Steffi, natürlich!

Becker: Müssen Sie doch zugeben, seitdem die dieses Tennisspielen bleiben lässt, steht die jeden Tag in der Zeitung! Wie erklären Sie sich dat?

Jünemann: Tjoh, öhh …

Becker: Da muss dat mit dem Tennis doch ne ziemlich langweilige Sache gewesen sein.

Jünemann: Also ich sag mal so, Herr Becker, wenn die Partnerwahl innerhalb der Weltrangbestenliste stattfindet, dann ist das auch ohne Tennis von Interesse für die Presse.

Becker: Sie meinen, allein die Tatsache, dat dat Steffi noch einen abgekriegt hat, ist schon eine echte … Sensation … also …

Jünemann: Ja, Herr Becker, für die Yellow press ist dat doch ein Geschenk des Himmels.

Becker: Weil, dat Steffi ist ja ein spätes Mädchen.

Jünemann: Dat kann man so nicht sagen, die hatte ja schon mal was mit dem Dings … wie hieß der noch …

Becker: Mit dem Boris Becker …

Jünemann: Quatsch!

Becker: Die hab ich aber schon mal zusammen auf dem Foto gesehn.

Jünemann: Herr Becker, Joschka Fischer ist auf 1 000 Fotos zusammen mit Madelaine Albright. Deswegen haben die doch nix miteinander.

Becker: Ach, wer weiß?

Jünemann: Boris Becker und Steffi Graf waren halt Kollegen.

Becker: Ja, aber dat ist ja normal, die meisten Paare lernen sich auf der Arbeit kennen. Kennt man doch, Liebe im Büro. Und so war dat da wahrscheinlich auch. Als dat Steffi ihren Neuen mit nach Haus gebracht hat … wie heißt er noch, Andreas Egersee?

Jünemann: André Agassi!

Becker: Ja, da fragt Mutter Graf ihre Tochter: Steffi, das ist aber ein netter junger Mann, wo hast du den denn aufgegabelt? Dann sagt die Steffi: Den hab ich auf der Arbeit kennen gelernt.

Jünemann: Und wat ist der da, wat macht der da? fragt die Mutter.

Becker: Ja, sagt Steffi, der ist quasi Abteilungsleiter beim Tennis in der Herrenabteilung. Aber jetzt mal im Ernst, Herr Jünemann, hat der Herr Egersee überhaupt was Richtiges gelernt, außer Tennis?

Jünemann: Nöh, dat braucht der auch nicht, der kann schon davon leben. Und sie ja auch, dat Steffi hat ja auch wat an de Fööss. Die haben beide ihr Auskommen!

Becker: Dat is auch dat Schöne an den Zweien. Bei dieser Liebe weiß jeder, et is nicht nur wegen dem Geld.

Frühstückspause

03.12.1999 **Bimbes**

Becker: Herr Jünemann, man begegnet sich im Leben immer zweimal.

Jünemann: Oder jeden Freitag.

Becker: Aber mindestens zweimal. Der Heiner Geißler zum Beispiel, der ist damals als selbständig denkender Generalsekretär von Helmut Kohl mit einem Tritt in den Arsch von seinem Posten geputzt worden.

Jünemann: Bei Kohl konnten Sie nicht eigenständig denken. Das war ne Scheinselbständigkeit.

Becker: Aber man begegnet sich halt immer zweimal, denn Geißler hatte dadurch mit Kohl noch ne Rechnung offen.

Jünemann: Und die hat er jetzt beglichen.

Becker: Ja, jetzt sind die quitt. Das hat gesessen.

Jünemann: Der Geißler hat gesagt, er hätte immer von den schwarzen Kassen gewusst, aber er hätte das immer für falsch gehalten, und er hätte auch keinen Einblick gehabt.

Becker: Dat glaub ich dem sogar. In so schwarzen Kassen, da ist es ja dunkel, da sehen Sie ja nix. Da können Leichen drin liegen, dat merken Sie gar nicht, so dunkel ist dat da!

Jünemann: Da muss man nur aufpassen, dass, wenn man in so schwarze Kassen reingreift, dass man da von diesem dunklen Loch nicht selber aufgesaugt wird.

Becker: Dass man in diesem schwarzen Loch nicht plötzlich verschwindet.

Jünemann: Die Gefahr besteht bei Kohl nicht, dem fehlt auch das Unrechtbewusstsein. Der sagt, ich übernehme dafür die Verantwortung. Und glaubt, damit isset gut.

Becker: Aber wie übernimmt er jetzt die Verantwortung? Tritt er als Ehrenvorsitzender zurück?

Jünemann: Oder er geht ins Gefängnis?

Becker: Mit Egon Krenz in einer Zelle!

Jünemann: Oder zahlt er den Millionenschaden aus eigener Tasche?

Becker: Nee, gar nix, die CDU und der Steuerzahler tragen die Schulden, und Kohl trägt die Verantwortung.

Jünemann: Für den Kohl ist das ja auch kein Schwarzgeld. Für den ist das ja Bimbes, das ist pfälzisch, Bimbes, Geld, wat so rumliegt.

Becker: Und diesen Bimbes hat er beim Finanzamt nicht angegeben.

Jünemann: Klar, die SPD sind die Roten, und die CDU sind die Schwarzen, weil sie schwarze Kassen haben.

Becker: Und wenn ich den Kohl bei seiner Pressekonferenz richtig verstanden habe, dann hat er ja gesagt, sinngemäß: Wenn man sich von der Rüstungsindustrie korrumpieren lässt …

Jünemann: Das hat er nicht gesagt, er nennt das »Unterstützen durch zusätzliche Konten«!

Becker: Ja, so kann man es auch nennen. Aber wenn man sich schon korrumpieren lässt, dann muss man das ja schwarz machen, das können Sie beim Finanzamt gar nicht angeben: Bimbes!

Jünemann: Dat kennen die da nicht. Aber Möllemann und Genscher, die kennen dat. Die hängen ja auch mit drin.

Becker: Jaja, die haben auch Bimbes. Zwar keine Millionen, sondern nur en paar Hunderttausend. Aber für so ne kleine Partei ist dat ja och noch Jeld.

Jünemann: Aber die haben sich ja abgesprochen. Sowohl der Kohl als auch Möllemann als auch Genscher sagen wortwörtlich dasselbe:

Beide: »Die Geldzahlungen haben auf politische Entscheidungen keinerlei Einfluss gehabt.«

Becker: Herr Jünemann. Da sehen Sie mal, wie blöd die Rüstungsindustrie ist, das sind allesamt Idioten mit einem Intelligenzquotienten von 7!

Jünemann: Ne Panzerfaust hat 12.

Becker: Da schmeißen die Millionen Bestechungsgelder zum Fenster raus und haben das gar nicht gebraucht.

Jünemann: Nein, die hätten die ganzen Panzer auch so verkaufen können.

Becker: Die haben für etwas bezahlt, was völlig umsonst war.

Jünemann: Ha ha! Die sind so blöd.

Becker: Ja, wer das glaubt, wird selig.

Jünemann: Wie armselig dagegen die SPD. Da lässt sich Herr Glogowski von der Industrie seine Hochzeit bezahlen.

Becker: Süß! Nä! Herr Jünemann, und wenn Sie die Frau kennen, dann verstehen Sie das!

Frühstückspause

07.01.2000 **Schul-Sponsoring**

Becker: Herr Jünemann, man hört dat ja jetzt immer öfter, dass Firmen Schulen sponsern.

Jünemann: Ja, hab ich neulich noch gelesen, zum Beispiel in Köln-Esch in der Gemeinschaftsgrundschule Martinusstraße, da wird ne Englischlehrerin von der Volksbank finanziert.

Becker: Und? Wat hat die Volksbank davon?

Jünemann: Tja, es kommt drauf an: Wenn die Lehrerin schlechte Noten gibt, können die Kinder sagen, zu der Bank gehen wir nicht mehr.

Becker: Umgekehrt kann die Bank dann sagen, wir nehmen euch die Lehrerin wieder weg. Also da entstehen schon Abhängigkeiten.

Jünemann: Aber ich mein, da ist schon wat Wahres dran, wenn die Wirtschaft immer meckert, die Kinder wären zu dumm, dann muss mehr Geld in die Bildung gesteckt werden.

Becker: Die Schulen werden in Zukunft einfach umbenannt. Dann gibt es demnächst nicht mehr Heinrich-Heine-Gymnasium, sondern H & M-College.

Jünemann: Und nicht mehr Goethe-Gymnasium, sondern nur noch Gap-Gym.

Becker: Und in sozialen Brennpunkten gibt's dann keine Pestalozzi-Grundschule mehr, sondern nur noch die Plus-Penne: Prima lernen und sparen.

Jünemann: Oh, da seh ich schon große Klassenkämpfe kommen: »Meine Tochter geht ja aufs Versace-Lyceum in Velbert, und die Nachhilfestunden werden von Gucci gesponsert.«

Becker: »Ach, das ist doch noch gar nichts: Unser Sohn geht auf die Cartier-Sonderschule, das Fach Textiles Gestalten unterrichtet Karl Lagerfeld persönlich.«

Jünemann: »Das ist doch noch gar nix: Mein Sohn geht auf die Philipp-Morris-Gesamtschule, da lernen die schon mit neun Jahren rauchen.«

Becker: Tja, in dem Punkt ist das alles schon Realität.

Frühstückspause

04.02.2000 **Faschismus mit Frühstück**

Becker: Herr Jünemann, haben Sie schon Ihren Urlaub gebucht?

Jünemann: Ja! Ich fahre dieses Jahr nicht nach Österreich.

Becker: Ach so. Haben Sie dat schon festgemacht?

Jünemann: Ja, war ich gestern im Reisebüro, und die kannten dat schon, die Buchung: Nich Österreich!

Becker: Ach so, wie Nichtraucher!

Jünemann: Genau, das haben die schon im Computer – Barzahlung oder Kreditkarte, Österreich oder Nichtösterreich? Und im Moment, sagten die in meinem Reisebüro, wär dat total in, es gäbe mittlerweile mehr Nichtösterreich- als Nichtraucherbuchungen.

Becker: Das ist ja interessant, wenn man sich mal damit beschäftigt, dat is hochinteressant.

Jünemann: Das ist der Trend im Moment: Tjaereborg, Alltours, Neckermann, TUI, die setzen jetzt alle auf Political Correctness, also auf sanften Tourismus. Also, ja zu Europa, nein zu Österreich.

Becker: Ja, dat passt ja auch, die neue österreichische Regierung mit dem Wolfgang … wie heißt der noch?

Jünemann: Sprung in der Schüssel.

Becker: Genau, Wolfgang Sprung in der Schüssel, der mit dem Jörg tanzt, ÖVP und FPÖ.

Jünemann: Wat heiß dat eigentlich?

Becker: Herr Biedermann und die Brandstifter.

Jünemann: Nee, ich mein jetzt die Abkürzung?

Becker: Öffentlicher Personennahverkehr und Faschistische Partei Österreichs – ÖVP und FPÖ.

Jünemann: Also Jahresnetzkarte für Regionalrassisten.

Becker: Ja, die wollen ja keine Fremden.

Jünemann: Also auch keine Fremdenzimmer. Ich auch nicht, ich will doch kein Faschismus mit Frühstück.

Becker: Obwohl, unter uns, Herr Jünemann: Beim Haider ist nicht alles schlecht, der hat ja die Autobahnen gebaut …

Jünemann: Hohoho! Der kümmert sich auch rührend um alte Leute …

Becker: Ja? Wusst ich gar nicht.

Jünemann: Doch, er spricht bei öffentlichen Anlässen wortwörtlich von den ehrenwerten Männern der Waffen-SS und ihrem guten Charakter …

Becker: Toll!

Jünemann: Und rühmt die gute Beschäftigungspolitik im Dritten Reich.

Becker: Ja, man merkt, der Mann hat Visionen.

Jünemann: Und deshalb versteh ich auch gar nicht, wieso so viele jetzt Österreich boykottieren.

Becker: Stimmt, die meisten wollen doch im Urlaub braun werden!

Jünemann: Wollen Sie im Urlaub braun werden – dann Österreich!

Frühstückspause

25.02.2000 **Daten weg**

Becker: Herr Jünemann, der Staatsanwalt sagt, die Akten sind nicht nur weg, die sind auch noch gefälscht.

Jünemann: Manipuliert.

Becker: Genmanipuliert.

Jünemann: Gibt's das jetzt auch schon? Genmanipulierte Akten?

Becker: Gehn se mer weg, Herr Jünemann, es gibt so viel, es gibt ja sogar schon Politiker, die leiden an Rinderwahnsinn.

Jünemann: Leuna-Kohl-Bohl, Kohl hohl, Bohl wohl kriminol.

Becker: Ist ja auch logisch. Wenn ich mich auch einmal so wahnsinnig hätte bestechen lassen, dann würd ich die Akten, aus denen das hervorgeht, dass ich mich hab bestechen lassen, ja auch nicht lassen.

Jünemann: Nee, dafür wurde der Aktenschrädderer ja geradewegs erfunden. Kohl ist der Wolf im Reißwolf.

Becker: Kanzler der Löschtaste.

Jünemann: Der ist mutwillig abgestürzt.

Becker: Obwohl. Es gibt ja viele, die behaupten, der Kohl sei nicht bestechlich gewesen.

Jünemann: Nee, der hätte den ganzen Scheiß auch so gemacht.

Becker: Der Kohl ist so dermaßen unten durch, der kann noch nicht mal mehr seinen 70. Geburtstag feiern, ohne dass er Angst haben muss, von Parteifreunden erschossen zu werden.

Jünemann: Ja, da gibt's ja Hinweise, deshalb hat die CDU von Ludwigshafen bis Berlin sämtliche Geburtstagsfeierlichkeiten abgesagt.

Becker: Der Helmut hat so dermaßen verschissen …

Jünemann: Der sitzt an seinem Geburtstag alleine mit Hannelore in den Bergen und mampft so ein eingeschweißtes Yes-Törtchen aus der TV-Werbung.

Becker: Ohne Hannelore.

Jünemann: Wieso?

Becker: Ich wette, die sind auseinander.

Jünemann: Das versteh ich, mit dem will keiner mehr was zu tun haben, und keiner hat mehr Mitleid mit dem kriminellen Superschwergewicht.

Becker: Herr Jünemann, Sie können doch nicht den Kanzler der Einheit kriminellen Sausack nennen.

Jünemann: Das hab ich doch gar nicht gemacht.

Becker: Na gut, dann infantiler Fettkloß halt.

Jünemann: Hab ich auch nicht gesagt.

Becker: Ja dann is ja gut. Soll ich Ihnen mal wat sagen? Selbst Amnesty International würde nicht eingreifen, wenn der Mann auf die Streckbank käme und die ganze Wahrheit endlich aus ihm herausgefoltert würde.

Jünemann: Dann wüssten wir alles, und es wär endlich Ruhe. Man kann es doch nicht mehr hören.

Becker: Aber das kann man nicht machen. Menschenrechte gelten auch für Kindsköpfe.

Jünemann: Der Mann muss nicht auf die Streckbank, der Mann muss auf die Couch.

Frühstückspause

03.03.2000 **Big Brother**

Becker: Herr Jünemann, wat ham die eigentlich alle mit diesem »Big Brother«.

Jünemann: Tja, hm, dat heißt übersetzt »Großer Bruder«. Und die filmen da in nem Container nen Tierversuch, wo zehn Menschen nicht rauskönnen.

Becker: Ich kann dat ja nicht haben. Ich guck nicht gern Sendungen, die vornehmlich drinnen spielen, so wie »Lindenstraße«. Oder diese Woche Montag war so ne »Tatort«-Wiederholung auf N3 mit Manfred Krug und Charles Brauer: »Der Tod auf Eis« hieß der …

Jünemann: Wat Sie sich alles merken!

Becker: Dat war so'n Hotel als Familienbetrieb, und da ist der Chef in der Kühlkammer eingesperrt worden und kam dann als tiefgefrorener Eisklotz zur Spurensicherung.

Jünemann: Ach so, der Ötzi von Bo-Frost.

Becker: Ja, an sich tolle Idee. Aber was soll ich Ihnen sagen, dieser »Tatort«, der spielte nur drinnen, nur in diesem Hotel, da war nicht eine Außenaufnahme dabei. Dat kann ich nicht leiden.

Jünemann: Dat ist ja bei der »Lindenstraße« ähnlich, ist fast nur drinnen. Und wenn et mal draußen ist, dann ist das immer dieselbe Straße.

Becker: Dat spielt ja in Köln-Bocklemünd, und dat ist ein ganz kleiner Stadtteil, den kenn ich, der hat nur eine Straße.

Jünemann: Nein, das spielt in München.

Becker: Dat wüsst ich aber, dat dat in München spielt, dat spielt in Hollymünd, da war ich doch letztes Jahr, kann doch jeder hinfahren und sich dat Schauspiel angucken.

Jünemann: Dat wird in Hollymünd gedreht, aber spielen soll dat in München.

Becker: Quatsch! »Der Kommissar«, der spielt in München.

Jünemann: Dat guck ich oft, sonntagabends auf 3-Sat.

Becker: Schön schwarzweiß.

Jünemann: Ja, München ist ja auch wirklich grau in grau.

Becker: Aber beim »Kommissar«, beim Erik Ode, da ist noch viel draußen. Der Kommissar ist mit seinen Jungs auch mal vor die Tür gegangen. Hat mal um en Block geguckt, ob da irgendwo ein Toter rumlief. Da hat man früher noch Geld für gehabt.

Jünemann: Stimmt, Außenaufnahmen sind einfach zu teuer heutzutage. Da muss einer die Location suchen, dann muss das ganze Set dahin geshuttelt werden, dann muss dat Lightning und dat Catering dahin. Bis die die Leiche im Wald haben, sind schon dreißigtausend Mark im Wind.

Becker: Deshalb machen die auch »Big Brother«, da machen die die Tür zu, da kann keiner weglaufen, spart Fahrtkosten. Kameraleute brauchen sie auch kaum, die Kameras sind alle fest installiert.

Jünemann: Früher mussten sie die Schauspieler in teuren Hotels unterbringen mit Frühstück und Minibar, dat war vertraglich vereinbart, heute sperren se se in Container mit Jugendherbergsbetten. Und filmen die da ab, wie die ohne Minibar zurechtkommen.

Becker: Das ist noch billiger als Talkshow. Dat sind ja bei »Big Brother« überhaupt keine Schauspieler.

Jünemann: Och, bei »Lindenstraße« auch nicht.

Becker: Bei »Big Brother« ist das freiwilliger Freiheitsentzug auf Bewährung.

Jünemann: Herr Becker, ich find ja, die hätten den Egon Krenz in den Container sperren sollen.

Becker: Hm. Der kennt sich mit so was aus. Der hat dat seinerzeit im Großversuch probiert.

Jünemann: »Big Brother« im Freilandversuch am lebenden Deutschen.

Becker: Übrigens auch schwarzweiß.

Jünemann: Aber da wurde ja auch eines Tages das Versuchsgehege aufgebrochen. Und die Sendung war zu Ende.

Becker: Dennoch warten heute noch einige im Osten auf die Wiederholung.

Jünemann: Aber vielleicht ist dat auch die Erklärung, warum die zehn von »Big Brother« da freiwillig mitmachen.

Becker: Ja Moment, bei »Big Brother« können die ja 250 000 Mark gewinnen.

Jünemann: Ah, und dat konnt man in der DDR nicht.

Becker: Sehen Sie, jetzt wissen wir endlich, warum der Sozialismus gescheitert ist. Man konnte nix gewinnen.

Frühstückspause

31.03.2000 **Kickerkino**

Becker: Herr Jünemann, wenn ich Sie mal was fragen darf?

Jünemann: Sicher, nur zu.

Becker: Diese Woche taucht immer so ein Name auf, den kann ich überhaupt nicht einordnen. Der Ulli Ribbecke, wer ist dat eigentlich?

Jünemann: Wer soll dat sein?

Becker: Ja, dat hör ich immer in den Nachrichten am Schluss, wenn ich auf das Wetter warte, im Sportteil, da reden die immer von Ulli Ribbecke.

Jünemann: Es gibt Erich Ribbek und Ulli Stielike, aber Ulli Ribbecke? Das ist gut.

Becker: Ach so, dann ist Ulli Ribbecke zwei.

Jünemann: Ja, da haben Sie was verwechselt, aber wenn Sie schon fragen: Die arbeiten zusammen: Erich Ribbek und Ulli Stielike versuchen, die deutsche Nationalmannschaft zu retten.

Becker: Also, die kann man in einem Atemzug nennen.

Jünemann: Kann man, Ulli Ribbecke geht für einen Laien wie Sie in Ordnung. Aber Herr Becker, ich kann Sie beruhigen,

Fußballmuffel wie Sie werden in Zukunft vom Fußball verschont.

Becker: Ist das wahr?

Jünemann: Ja. Wenn der Vertrag durchkommt.

Becker: Welcher Vertrag?

Jünemann: Die Vertragsrechte an der Fußball-Bundesliga. Da hat diese Woche ein Filmrechtehändler, der Herr Kölmel aus München, 1,5 Milliarden geboten.

Becker: Ja und?

Jünemann: Das Pikante ist jetzt, der ist Chef der Firma Kino-Welt, und der versucht dann, die Fußballbundesliga jeden Samstag exclusiv im Kino auszustrahlen.

Becker: Das ist ja ne tolle Sache. Das hieße dann, Fußball käme nicht mehr im Fernsehn.

Jünemann: Kann man so sagen. Bundesliga nur noch im Kino.

Becker: Find ich vernünftig.

Jünemann: Wieso?

Becker: Na, die ganzen Fans alle auf einem Haufen, da haben sie doch auch mehr Spaß, Herr Jünemann, das Gemeinschaftserlebnis ist doch ganz anders mit so vielen.

Jünemann: Joh, sicher, dat is dann mehr wie im Stadion, und: Man sieht besser, und man wird nicht nass. Ich finde es aber trotzdem doof. Ich hab mir extra ne Schüssel gekauft, nur wegen Fußball. Jetzt hab ich das blöde Ding da am Balkon, und der Fußball kommt im Kino.

Becker: Voll verarscht. Aber das ist doch nur logisch, Fußball, das ist ja nicht rational begründbar …

Jünemann: Richtig, das ist reine Triebsache, das steckt in einem drin, das kann man nich erklären.

Becker: Also, man kann sagen, es ist keine Verstandessache …

Jünemann: Nee, das sehen Sie an Lothar Mathäus, mit Verstand hat das wenig zu tun …

Becker: Das ist Trieb …

Jünemann: Ja Spieltrieb, Antrieb …

Becker: Wie Sexualtrieb …

Jünemann: Na ja.

Becker: Doch, oh oh Toor Toor! Also das erinnert schon an Höhepunkte, ist ja auch schön, gönne ich Ihnen ja auch.

Jünemann: Danke, einmal die Woche, das muss einfach sein.

Becker: Aber sehn se mal, der Sexualtrieb, das ist ja auch ne tolle Sache, dass die Natur sich das so ausgedacht hat, dass die Fortpflanzung so viel Freude macht. Aber deshalb kommt das doch nicht dauernd im Fernsehn.

Jünemann: Ja gut, schon mal so'n Erotikfilm, so bisschen Haut …

Becker: Ja aber so richtig nicht, und schon gar nicht nachmittags.

Jünemann: Nee, sonst heißt das Porno, und dafür muss man ins Kino.

Becker: Da gibt es extra Pornokinos für, und das ist auch gut so, denn im Fernsehn muss das nicht sein, das ist nicht jedermanns Sache, dabei zuzugucken.

Jünemann: Ja sicher. Aber im Fußball ist das doch was ganz anderes.

Becker: Wieso, viele machen es gerne. Altherrenmannschaften, Thekenclubs, Vereine, Bundesliga, Bunte Liga, Kreisklasse, draußen in Feld, Wald und Flur.

Jünemann: Und Parkstadion.

Becker: Aber im Fernsehn dabei zugucken find ich nicht gut. Das ist für mich Voyeurismus.

Jünemann: Herr Becker!

Becker: Doch, ich hör schon das Gestöhne der Frauen.

Jünemann: Wieso?

Becker: Oooh, schon wieder Fußball. Schon wieder kicken …

Jünemann: Herr Becker, wenn Sie Fußballprüderist an die Macht kommen, dann seh ich schon die nächste Ausbaustufe.

Becker: Wat soll dat denn sein, ich will Ihnen doch gar nichts.

Jünemann: Doch. Ich sehe es schon vor mir: Hier exclusiv Kickerkino – mit Einzelkabinen.

Becker: Pfui Deibel.

Frühstückspause

14.04.2000 CDU – immer zu spät

Becker: Herr Jünemann, mein Schinkenbrötchen steht nicht im Grundgesetz, wegen dem Schinken.

Jünemann: Nee, wegen der CDU.

Becker: Die CDU ist ja gegen Tiere, also gegen Tierschutz im Grundgesetz …

Jünemann: Kann man ja auch verstehen …

Becker: Wieso?

Jünemann: Die sind in letzter Zeit dermaßen oft in die Scheiße getreten …

Becker: Jaha, is klar, dat die gegen Tiere sind, die haben so tierisch den Papp auf …

Jünemann: Dabei ist das doch ne klare Sache. Artikel 20 des Grundgesetzes: Der Staat schützt auch in Verantwortung für künftige Generationen die natürlichen Lebensgrundlagen. Punkt. Und da sollte jetzt ran: und die Tiere.

Becker: Und das wollte die CDU nicht. Warum?

Jünemann: Ja, weil dat vorher nicht war, und dann soll dat jetzt auch nicht, konservativ eben.

Becker: Nä, die haben gedacht, das ist wie mit dem Parteiengesetz.

Dann steht dat da, und dann hält sich wieder keiner dran in der CDU. Und so ist das mit dem Tierschutz auch.

Jünemann: Der Kohl, der hat ja Fische. Kaum steht das im Gesetz, dass er die nicht quälen darf, schon schafft der die im Koffer in die Schweiz, ohne Wasser!

Becker: Dann lässt der sich wieder von dubiosen Tierhändlern mit Goldfischen bestechen.

Jünemann: Und die Guppies ersticken in Liechtenstein, weil angeblich jüdische Emmigranten zu geizig waren, denen Wasser zu geben.

Becker: Ja, der CDU schwant schon wieder ihr nächster Skandal. Deshalb sind die strikt gegen neue Gesetze. Die kennen ja die alten noch nicht mal.

Jünemann: Dabei ist das doch langfristig nicht zu verhindern. Das sehen alle Parteien, außer der Criminellen Demokratischen Union: Das ist eine fortschrittliche Idee, das wird sich auf Dauer überall durchsetzen, dann können wir das auch sofort machen, dann sind wir ganz vorne in der Entwicklung.

Becker: Aber bei der CDU ist das immer so. Zum Beispiel die rechtliche Gleichstellung von homosexuellen Lebensgemeinschaften, da weiß jeder, das kommt sowieso. In 30 Jahren kann sich das kein Mensch mehr vorstellen, dass das mal anders gewesen sein soll, völlig klare Sache. Die CDU? Dagegen bis zum Schluss!

Jünemann: Oder neulich erst: Familienrecht, Gleichstellung von ehelichen und unehelichen Kindern, klare Sache. Da haben die sich gegen gewehrt.

Becker: Wenn es das Frauenwahlrecht noch nicht gäbe, da wär die CDU auch dagegen.

Jünemann: Natürlich, als das eingeführt wurde, waren die Konservativen dagegen.

Becker: Und so sind die auch mit allem zu spät. Der Rüttgers in Nordrhein-Westfalen zum Beispiel, da war das schon klar, dass man mit dem Kohl keinen Wahlkampf mehr machen kann, da lädt der Jeck den noch auf ne Kundgebung ein.

Jünemann: Zu spät erkannt.

Becker: Greencard, derselbe Fall.

Jünemann: Ist auf Dauer in keiner modernen Gesellschaft zu verhindern.

Becker: Erkennen die zu spät.

Jünemann: Dat ist einfach ne Partei für Zuspätkommer.

Becker: Wenn Sie morgens lang schlafen wollen, ist die CDU nicht verkehrt, da wachen Sie plötzlich auf und sind im Biedermeier. Aber, wenn Sie mithalten wollen in der modernen Gesellschaft, mitten im Leben, dann gibt es nur eins: Möllemann!

Jünemann: Herr Becker!

Becker: Ja steht doch da: »www.FDP Tempo.de. Wenn Sie mehr leisten als andere, warum wählen Sie dann das, was andere wählen?«

Jünemann: Das ist ja die Partei der Besserverdienenden.

Becker: Deshalb sind die auch für den Tierschutz, die meinen die Hohen Tiere.

Jünemann: Dann muss das aber anders heißen: Wenn Sie mehr leisten als andere, warum arbeiten Sie dann so viel wie andere?

Becker: Der ist gut, von welcher Partei ist der?

Jünemann: Die gibt's noch nicht.

Becker: Egal, die wähl ich.

Frühstückspause

28.04.2000 **Picasso auf Rädern**

Jünemann: Herr Becker, als ich gerade hierhin kam, stand an der Ampel neben mir ein Auto.

Becker: Ist doch normal! Und wer saß da drin?

Jünemann: Pablo Picasso!

Becker: Ist ja klar, Albrecht Dürer hat ja keinen Führerschein.

Jünemann: Nee, aber dat Auto hieß so.

Becker: Picasso? Dat verwechseln Sie mit Peugeot!

Jünemann: Nee, dat war ein Citroën! Dat gibt et jetzt, Citroën Picasso.

Becker: Und was ist dat für ein Auto, is dat bunt?

Jünemann: Nee, dat war ganz normal, metallic lackiert. So'n Van, so ne Familienkutsche, nix Besonderes, gibt's auch als Renault.

Becker: Dat find ich aber nicht richtig, ich hatte mal den Citroën DS. Den hätten se Picasso nennen können. Als ich da morgens mit losfahren wollte, da hatte der den ganzen Parkplatz mit so ner grünen Hydraulikflüssigkeit gestaltet. Dat sah super aus. Aber dann kam der nicht mehr hoch.

Jünemann: Dat kann ich mir vorstellen. Dat Auto kenn ich. Wenn die Hydropneumatik aus ist, legen die sich zum Schlafen auf die Erde.

Becker: Genau! Da musste mein Nachbar helfen, und dann ist der beim Schieben auf dem grünen Zeug ausgerutscht und lag quasi mi'm Popelinemantel in der Salatsauce. Dat war ne Performance, da hätte Picasso seinen Spaß dran gehabt.

Jünemann: Aber den Namen des vielleicht genialsten Künstlers des 20. Jahrhunderts auf den Kotflügel einer völlig normalen Familienkutsche zu sprühen ist nicht mal mehr Graffitykunst, das ist höchstens Sachbeschädigung.

Becker: Obwohl, Herr Jünemann, wenn das einreißt, landen alle großen Künstlerinnen und Künstler in der Blechpresse: Das ist doch interessant. Dann steht auf der nächsten IAA in Frankfurt der BMW Beuys.

Jünemann: Ach, Herr Becker, dat geht doch nicht, das muss doch nen Bezug haben.

Becker: Gucken Sie mal auf die Ölwanne – dort klebt ein Pflaster!

Jünemann: Da weiß ich was Besseres: Literatur! Die kleine, aber feine Sportwagenfabrik in Zuffenhausen präsentiert den flachen Porsche Boxter Böll.

Becker: Hat doch keinen Bezug, der Böll fuhr doch gar kein Auto.

Jünemann: Hat es doch! Im Porsche begrüßt der Sprachcomputer den Fahrer mit dem Satz: »Wo warst du, Adam?«

Becker: Da weiß ich was Besseres: Renault Rilke (mit zweiter Schiebetür), das Auto ohne Eigenschaften.

Jünemann: Da weiß ich was Besseres: Mercedes rührt die Werbetrommel mit einem 200er Grass – die Blechkiste.

Becker: Da weiß ich was Besseres: Die Italiener gehen in die Schweiz. Das neue Cabrio heißt Max und bietet Frisch-Luft bis zum Abwinken.

Jünemann: Ach, Herr Becker, das ist alles Kapitalismus, für den Namen Picasso hat Citroën Millionen hingelegt.

Becker: Da frag ich mich, was Opel für Calibra hingelegt hat.

Jünemann: Drei Mark fuffzich, so will doch keine Sau heißen. Aber in der DDR war das anders, die haben ihren Kleintransporter Barkas nie Biermann genannt. Konnten die sich gar nicht leisten, und heute will man keine alkoholisch klingenden Namen im Straßenverkehr.

Becker: Ein Jaguar Juhnke wird uns also erspart bleiben. Nur der Minivan Picasso ist nicht mehr zu verhindern.

Jünemann: Vielleicht wird er in zehn Jahren als Gebrauchtwagen hier und da umbenannt: Der Name August Macke ist noch frei.

Becker: Bis dahin muss Pablo vom Fließband rollen. Wenn der Meister noch leben würde und sein Autogramm plötzlich im täglichen Stau entdeckte, würde er wohl sagen: »Da möchte ich nicht abgemalt sein.«

Jünemann: Aber so ist das Leben – da können Sie so tot sein, wie Sie wollen!

Becker: Aber Herr Jünemann, dat hat doch gar keinen Bezug!

Jünemann: Doch! Lammfell!

Frühstückspause

05.05.2000 Kampfhundlieferung

Becker: Herr Jünemann, gestern sind ja die Innenminister alle auf den Hund gekommen.

Jünemann: Wie?

Becker: Otto Schilly gab doch extra eine Innenministerkonferenz für Kampfhunde.

Jünemann: Ach so. Ging es da um die umstrittene Kampfhundlieferung in die Türkei?

Becker: Jedenfalls um Menschenrechtsfragen. Aber ich glaube, mehr hier bei uns.

Jünemann: Wenn ich das richtig verstanden habe, diskutieren die doch derzeit über die Einführung eines Kampfhundführerscheins.

Becker: Ach was!

Jünemann: Doch, dann muss der Hundehalter eine Prüfung ablegen.

Becker: Rückwärts einparken?

Jünemann: Nee, rechts vor links und Theorie: Wie viel Bisswunden bringen wie viel Punkte in Flensburg?

Becker: Und wenn der Kampfhund einen totgebissen hat …

Jünemann: Soll vorkommen.

Becker: ... dann kriegt in Zukunft der Halter den Kampfhundführerschein entzogen.

Jünemann: Es sei denn, er braucht ihn beruflich.

Becker: Ich versteh das gar nicht. Es gibt doch auch für Autos so herrliche Pressen. Da schmeißen sie oben das Auto rein und unten kommt so'n Würfel raus. Warum machen die das nicht auch für Hunde?

Jünemann: Wie? So ne Presse, wo oben der Pit Bull reinkommt, und unten kommt Redbull raus?

Becker: Ja, und dann fragen die Ordnungshüter den Hundehalter: Haben Sie was getrunken?

Jünemann: Aber wie ich unsere Gesellschaft kenne, wird man versuchen, das Einzelinteresse des Kampfhundverbandes mit Hilfe von Hightech zu integrieren. Man wird mittels Gentechnik den Kampfhund zum Vegetarier umrüsten.

Becker: Sind Sie wahnsinnig? Dann fräsen uns die Biester die Grünanlagen weg.

Jünemann: Am besten, man lässt die gar nicht frei laufen. Deshalb beschäftigen sich auch die Innenminister damit.

Becker: Ach so, das sind Hunde für innen.

Jünemann: Ja, die meisten Unfälle passieren im Haushalt. Das Problem, wie es immer heißt, sind aber gar nicht die Tiere, sondern die Halter.

Becker: Da saren Sie was. Aber so nen Hundehalter, den können Sie ja nicht so einfach in die Presse packen. Erstens: Wer soll den Saft trinken, der da rauskommt? Und zweitens müssen die alle auf die Couch. Das kriegen Sie durch die Hundesteuer nicht finanziert, was das kostet.

Jünemann: Man bräuchte so ne Art Methadonprogramm für Kampfhundehalter.

Becker: So mit Steiff-Tieren. Dann können die eines Tages wieder ganz normal am gesellschaftlichen Leben teilnehmen.

Jünemann: Dann brauchen die nicht mal mehr nen Dackel. Aber, was machen wir dann mit den ganzen Hunden?

Becker: Ach, die Hunde sind kein Problem. Ich mag Hunde. Mir fehlt nur noch das Rezept.

Frühstückspause

30.06.2000 Harzer Roller

Becker: Herr Jünemann, wat ich Sie schon immer mal fragen wollte: Haben Sie eigentlich auch so nen Harzer Roller?

Jünemann: Wie meinen Sie? Nee, ich hab keinen Stinkkäse.

Becker: Ich mein jetzt so nen richtigen Roller für draußen.

Jünemann: Wie meinen Sie? Ne Vespa oder wat?

Becker: Nee, so'n kleinen Roller, die sind total in im Moment, da sind die Räder so groß wie ein Harzer Käse, deshalb nenn ich die immer Harzer Roller.

Jünemann: Dat sind Räder von Inlineskatern.

Becker: Die haben auch die Farbe von Harzer Käse und sind genauso durchsichtig.

Jünemann: Aber haben nicht dieselbe Konsistenz.

Becker: Aber diese Harzer Roller, die sieht man im Moment überall.

Jünemann: Dat is im Grunde nix anderes als ein Skateboard mit Lenker.

Becker: Aber geniale Idee. Wer sich dat ausgedacht hat, da zieh ich den Hut vor. Denn beim Skateboard, dat is mir immer schon aufgefallen, müssen die sich ja immer für bücken.

Jünemann: Ist doch schlecht für den Rücken.

Becker: Eben. Griff dran, und schon ist das ein zivilisiertes Fahrzeug.

Jünemann: Und, Herr Becker, haben Sie so'n Ding?

Becker: Ich doch nicht, ich muss doch nicht jeden Firlefanz mitmachen. Aber Sie, hab ich gedacht, Sie ham doch immer Inline und Outdoor. Sie sind doch so'n Trendsportler. Als ich so'n Ding et erste Mal auf der Straße gesehen hab, hab ich gesagt, pass op, der Jünnemann kütt heut mi'm Harzer Roller.

Jünemann: Herr Becker, Sie haben Recht, ich hab et direkt probiert, als et die gab. Im Geschäft ne Probefahrt gemacht …

Becker: Einmal mit Schwung über die Käsetheke, und dann im Mascarpone ausgerutscht.

Jünemann: Nee, ich durft schon vor die Tür mit dem Ding, aber dat war nix für mich. Und soll ich Ihnen sagen, warum?

Becker: Die Räder stanken nach Käse.

Jünemann: Nee, ich kam mir einfach blöd vor. Herr Jünemann, hab ich mir selber gesagt, das machste jetzt mal nicht mit. Die nächste Trendsportart kommt bestimmt, lässt du mal eine aus.

Becker: Da gibt et schon wieder die nächste, hab ich gelesen: mit Fallschirm auf em Surfbrett.

Jünemann: Herr Becker, da bin ich dran. Dat ist ne Superidee. Da haben sie auf'm Surfbrett kein Segel mehr, sondern einen Fallschirm in der Hand.

Becker: Ach, da können Sie quasi Möllemann spielen, brauchen aber nicht in ein Flugzeug zu steigen.

Jünemann: Eben, und das geht klasse. Wenn Sie mehr Wellen haben als andere, warum springen Sie dann nicht höher. Da bin ich dran, da mach ich demnächst ein Wochenendseminar.

Becker: In Ruppichteroth?

Jünemann: Nee, bei der FDP.

Becker: Ach, und kommen Sie sich da nicht blöd vor?

Jünemann: Doch, aber es ist immer so schön, wenn der Schmerz nachlässt.

Frühstückspause

04.08.2000 **Tempo 100 im Wald und auf der Flur**

Becker: Herr Jünemann, wie isset?

Jünemann: Man merkt ja jetzt in der Urlaubszeit, wie gut wir Deutschen es doch haben.

Becker: Wieso?

Jünemann: Na ja, in anderen Ländern is et Benzin noch teurer als bei uns. Und dann überall die Geschwindigkeitsbegrenzungen. Das ist ja doch komisch, wenn man's nicht gewöhnt ist.

Becker: Ja, das ist doch der letzte Spaß, der uns Deutschen geblieben ist: freies Rasen auf der Autobahn. Dabei haben doch heutzutage auch bei uns die meisten Autos elektronisch ne Temposperre eingebaut.

Jünemann: Ja??

Becker: Lesen sie mal Autotests, Mercedes S- und E-Klasse, BMW 7er, Porsche, die regeln alle bei 250 elektronisch ab.

Jünemann: Ach so, die könnten schneller?

Becker: Vom Motor her ja, aber das ist die freiwillige Selbstbeschränkung, dat man sagt, mehr als 250, dat muss auch nicht sein. Und damit haben wir doch faktisch eine Geschwindigkeitsbegrenzung.

Jünemann: Dann versteh ich aber nicht, dass sich das die Autolobby gefallen lässt. Die sind doch sonst immer für freie Fahrt für freie Bürger! Und dann schon Schluss bei 250, wie kommt dat?

Becker: Dat machen ja auch nicht alle. Zum Beispiel bei Ferrari gibt's das nicht. Der Italiener, der regelt auch bei 320 noch nicht ab.

Jünemann: Der Italiener braucht das ja nicht, der hat ja Geschwindigkeitsbegrenzung auf Autobahnen: Generali Cento Trenta! Überall 130!

Becker: Das ist eben der Unterschied, der Italiener ist katholisch geprägt, er hat Gebote, aber er hält sich nicht dran.

Jünemann: Klar, er kann es ja hinterher beichten! Dat merken Sie auch, wenn Sie in Italien Auto fahren, die fahren alle mit ihren Maseratis, Lamborghinis, Alfa Romeos und Fiat 500 so schnell sie können. Immer volle Möhre.

Becker: Wir Deutschen hingegen, wir haben ja den Luther verbrochen, der hat den Papst und die Beichte abgeschafft. Dat heißt, wenn wir Geschwindigkeitsbegrenzung eines Tages haben, wird dat dann auch knallhart kontrolliert. Nix beichten, da kommt dann preußische Disziplin auf.

Jünemann: Dabei kann man auch mit weniger glücklich sein. Ich hab so'n alten klapprigen Taunus, wenn ich den auf hundert hab, dat ist ein Getöse, das ist ein Gefühl, als fahren Sie mindestens zweihundert!

Becker: Herr Jünemann, derselbe Fall bei mir: Wenn ich die A4 rausfahre, Richtung Olpe, da kenn ich hinter Untereschbach einen Waldweg …

Jünemann: Wie bitte?

Becker: Ja, der ist nur für Forstbetrieb, aber ich hab ja so ne Jägerjacke …

Jünemann: Ja und dann?

Becker: Da geb ich dann richtig Gas!

Jünemann: Herr Becker, passen Sie auf, wat Sie sagen.

Becker: Herr Jünemann, dann spritzt das Wasser aus den Pfützen, die Vögel scheuchen auf …

Jünemann: Sie ham sie doch nicht mehr alle!

Becker: Die Rehe nehmen Reißaus, dann beschleunige ich die Kiste hoch, bis die Tachonadel auf hundert steht.

Jünemann: Und? Wat ham Sie dann davon?

Becker: Ein gutes Gefühl. Die Grünen sagen doch immer: Tempo 100, dem Wald zuliebe!

Frühstückspause

25.08.2000 **Schienennetz**

Becker: Herr Jünemann, haben Sie das heute in der Zeitung gelesen? Expertenstudie: »Bahn soll sich von ihrem Schienennetz trennen!«

Jünemann: Wat? Wo? Zeigen Sie mal her!

Becker: Ja, hier steht et: Es wär nicht mehr wirtschaftlich, die Bahn könne die Wegekosten nicht wieder einfahren.

Jünemann: Komisch, dat kann ich mir nicht vorstellen, die Bahn so ganz ohne Schienen.

Becker: Ja, kommt mir auch komisch vor, da leidet doch der Geradeauslauf drunter.

Jünemann: Gut, früher bei Western oder im Lucky-Luke-Comic, da kommt dat schon mal vor, dat so ne Eisenbahn einfach so vom Netz gegangen ist und dann frei schwebend durch die Prärie gedampft ist, aber in Amerika, im wilden Westen, da wohnt ja auch keiner, da ist ja auch Platz genug.

Becker: Aber wenn ich mir die Strecke Düsseldorf-Duisburg-Essen-Bochum-Dortmund-Münster also ohne Schienen vorstelle …

Jünemann: Da fährt der Zug plötzlich Sprockhövel-Kirchhellen-Oer-Erkenschwick-Lünen-West …

Becker: Ich meine, die freuen sich, dat sie auch mal nen ICE zu sehen kriegen. Zum Beispiel Paderborn hat ja keinen Intercity-Anschluss, bisher. Nur Interregio. Aber jetzt ohne Schienen, wie der Zufall so will, kann ja durchaus passieren, dass da mal ein Intercity durch die Paderquellen rauscht.

Jünemann: Aber ich hab dat grad noch mal genauer gelesen, also die Bundesbahn soll sich zwar von ihren Schienen trennen, aber die sollen die weiter benutzen.

Becker: Wie? Dat versteh ich nicht, wenn sich jetzt einer von seiner Frau trennt, nur so als Beispiel, dann kann der die doch auch nicht mehr benutzen.

Jünemann: Ja, Herr Becker, da ist es oft umgekehrt: Die Frau trennt sich von ihrem Mann, weil der die immer nur benutzt hat. Aber die Bahn trennt sich von ihren Schienen, weil die die Alimente nicht mehr zahlen kann.

Becker: Dat versteh ich nicht.

Jünemann: Unterhaltszahlungen, die Schienen müssen ja gepflegt werden.

Becker: Ja, und wer soll et dann machen?

Jünemann: Der Privatmann, Herr Becker.

Becker: Wat, ich soll die Schienen pflegen? So weit kommt dat noch.

Jünemann: Nein, Sie können die kaufen und dann an die Bahn vermieten. Herr Becker, Sie kaufen zum Beispiel die Strecke Köln-Düsseldorf, dat ist ein lukratives Stück, dat geht immer geradeaus, und Sie wissen, der dahin fährt, will auch wieder zurück.

Becker: Ah verstehe, dann kann ich die Preise bestimmen.

Jünemann: Ja, na klar!

Becker: Dann vermiete ich die an die Bahn, quasi wie ne Autobahn-Vinaigrette … dann muss jede Lok so'n Aufkleber an die Windschutzscheibe machen, Köln-Düsseldorf 2000, jedes Jahr ne andere Farbe.

Jünemann: Ja, so ungefähr kann ich mir dat vorstellen, wie in der Schweiz oder in Österreich mit den Autobahnen.

Becker: Genau, und dann mach ich natürlich ne ganz raffinierte Preispolitik: Von Köln nach Düsseldorf kostet 10 Pfennig.

Jünemann: Verstehe, so als Anreiz, damit da überhaupt einer hinfährt …

Becker: Sie saren es, aber zurück kostet dat dann 20 000 Mark.

Jünemann: Ja, Herr Becker, so sehen Sie aus. Aber Sie konkurrieren ja mit Schiff und Auto. Also kann es durchaus sein, dass einer auf Ihren Schienen für 10 Pfennig nach Düsseldorf rollt, aber zurück schwimmt er. Für 20 000 Mark kann man auch mal gegen den Strom schwimmen.

Becker: Ja, wenn einer unbedingt nass werden will.

Jünemann: Oder er kauft sich für 20 000 Mark die Schienen Solingen-Ohligs-Langenfeld-Opladen und lässt da einen fahren.

Becker: Hähä, geht nicht, hab ich auch schon gekauft.

Jünemann: Herr Becker, ich seh Sie da schon stehen mit ihrem Märklin-Trafo.

Becker: Und vom Erlös kauf ich mir ein Faller-Häuschen in Neuss-Reuschenberg. Tja! Modell Marktwirtschaft.

Jünemann: Aber das ist nicht nur ein Päckchen Schienen, Herr Becker. Der Kapitalismus ist hart.

Becker: Ja, aber bei der Bahn kommt ja ab und zu ne Weiche.

Frühstückspause

15.09.2000 **Otto, fand ich gut.**

Becker: Herr Jünemann, die Regierung steht ja im Moment wirklich gut da. Steuerreform ist durch, Arbeitslosigkeit sinkt, Wirtschaftsdaten positiv, Schulden sinken.

Jünemann: Wenn man der Regierung ans Bein pinkeln will – das sieht man an der Bild-Zeitung –, dann läuft dat immer über die Benzinpreise. Denn die Benzinpreise haben ja angeblich mit den Weltmarktpreisen für Rohöl und mit den Mineralölkonzernen gar nix zu tun. Dat die Benzinpreise so hoch sind, dat liegt allein an der Ökosteuer …

Becker: Man merkt doch immer wieder, diese Ökosteuer ist die Achillesferse von Rot-Grün. Das schmerzt die Leute immer, wenn sie über hundert Mark in ihren Tank gekippt haben.

Jünemann: Aber das ist ja nun mal Fakt: Das Öl reicht sowieso, wenn's hoch kommt, noch für die Zeit eines Menschenlebens. Und da wir für die Pharmaindustrie unbedingt etwas übrig lassen sollten, landen alle unsere schönen Autos irgendwann im Museum, nach dem Motto: Otto, fand ich gut.

Becker: Also machen wir uns nichts vor: Die Zeit des billigen Benzins ist mit oder ohne Ökosteuer so oder so vorbei. Insofern ist das natürlich listig von den Grünen, sich erst dann zum Auto zu bekennen, wenn es sich eh keiner mehr leisten kann.

Jünemann: Aber die Ökosteuer soll doch auch helfen, dass sparsame Autos und alternative Antriebe schneller wirtschaftlich werden.

Becker: Das ist ja das Paradoxe: Je teurer das Benzin ist, desto eher können wir z. B. Wasserstoff billiger tanken.

Jünemann: Das sehen wir doch bereits im eigentlichen »Profit-Center«, dem Tankshop. Dort kostet obergäriges Bier bereits weit weniger als bleifreies Benzin. Es ist also eine Frage der Zeit, wann es das erste Auto mit Kölschmotor gibt.

Becker: Herr Jünemann, auch der Pilsantrieb könnte ein Erfolg werden – in Westfalen zumindest. Die Probleme sind noch rein technischer Natur: Ein Pils braucht sieben Minuten, bei einem 60-Liter-Tank dauert der Aufenthalt an der Tankstelle einen halben Tag.

Jünemann: Da hat das schnelle Kölsch aus dem Zapfhahn einen Wettbewerbsvorteil, auch gegenüber dem Alt: Das braune Zeug lagert sich im Motor ab und erfüllt nicht die Euronorm D3.

Becker: Im Gegenteil: Parallel zum Altöl gibt es auch beim Altbier Entsorgungsprobleme. Deshalb versuchen einige Umweltschützer in Düsseldorf, das Zeug zu trinken.

Jünemann: Also, ärgere ich mich nicht über steigende Benzinpreise. Ich zeichne Brauerei-Aktien.

Becker: Oder ich investiere in die Wasserstofftechnik. Die hat momentan noch die besten Chancen, die Nachfolge des Ottomotors anzutreten.

Jünemann: Warum?

Becker: Ich sehe schon, wie Sie, Herr Jünemann, mit Ihrem Auto in die Polizeikontrolle geraten: »Ihr Auto hat eine Fahne. Wir müssen ihm den Fahrzeugschein abnehmen.«

Frühstückspause

13.10.2000 **Bücher-Zappen**

Becker: Herr Jünemann, ich hab ja neulich wieder »Das literarische Quartett« gesehen.

Jünemann: Da warten ja immer alle drauf, dat der Reich-Ranicki wieder frauenfeindlich wird und die nächste Sigrid den Löffel abgibt.

Becker: Die Neue hat den alten Chauvi im Griff. Aber wat mich immer wundert, woher nehmen die die Zeit, all die Bücher zu lesen, ich schaff höchstens mal eins im Jahr.

Jünemann: Ja, Herr Becker, Sie machen dat ja auch falsch. Wahrscheinlich, wie ich Sie kenne, fangen Sie auf Seite eins an und hören hinten auf.

Becker: Ja, im Prinzip ja, haben Sie ne andere Idee?

Jünemann: Ja! Ich mach dat wie beim Fernsehen. Ich zappe mit Büchern, dat geht.

Becker: Wie bitte?

Jünemann: Ich les immer zehn verschiedene Bücher gleichzeitig.

Becker: Dat kann ja wohl nicht wahr sein.

Jünemann: Doch. Das ist ganz einfach. Zurzeit les ich ne Wolfgang-Neuss-Biografie, nen Ami-Thriller von T. T. Lesccrout, dann »About a Boy« von Nick Hornby und natürlich die Klassiker Heines Winterreise, Schillers Räuber und Goethes Iphigenie, nebenbei ein scheußlicher Schinken, und zur Entspannung noch einen Karl May dazu.

Becker: Ach ja, und bei der Werbung gehen Sie ins nächste Buchgeschäft und haben schon wieder zehn Neue unterm Arm.

Jünemann: Ja genau, also Bücher kaufen tu ich sowieso gerne. Ob ich da jetzt in jedes reinzappe, weiß ich noch nicht. Ich brauch halt 40 Programme zur Auswahl. Ist einfach ein schönes Gefühl.

Becker: Jaja, dat glaub ich. Und zur Entspannung, sagten Sie, lesen Sie Karl May?

Jünemann: Ja!

Becker: Welchen denn, Winnetou oder Kara Ben Nemsi mit Hadschi Halef Omar und so?

Jünemann: Nee, ich les das Kapital.

Becker: Herr Jünemann, dat ist aber nicht von Karl May, dat ist von Karl Marx.

Jünemann: Ach so? Ich hab mich auch schon gewundert, bin schon auf Seite 647 und noch kein einziger toter Indianer!

Frühstückspause

27.10.2000 **Dosenpfand**

Becker: Herr Jünemann, kennen Sie noch den Spruch: »Ich war eine Dose«? Die Betonung liegt auf »war«.

Jünemann: Ja! Jetzt kann man so sagen: »Bier aus der Dose geht finanziell in die Hose!«

Becker: Oder oft steht es auch schon drauf: Fanta ist ja nur zum Pfand da!

Jünemann: Ich find den Dosenpfand vernünftig, Herr Becker!

Becker: Gut, die Jugend wird toben!

Jünemann: Unter jungen Leuten, da sind die Dosen ja hipp. Hipp und krass und cool. Und ex und hopp und hipp.

Becker: Ja sicher, für die Jugend ist die Dose eine Designerdroge, und Pfandflaschen sind für die höchstens Fetischobjekte der Öko-Opas.

Jünemann: Aber jetzt kommt der Jugendschreck Jürgen Trittin und sagt: Es war schon immer etwas teurer, einen besonderen Geschmack zu haben.

Becker: Das ist ja jetzt durch. Wenn ich das richtig verstanden hab, dann muss jetzt jeder, der Bier trinken will, nach Rheinland-Pfalz fahren. Rheinland-Pfalz ist dagegen.

Jünemann: Wieso eigentlich?

Becker: Da heißt der Ministerpräsident schon wie Dosenbier: Kurt Becks!

Jünemann: Obwohl, Becks Bier kommt aus Bremen.

Becker: Aber die Hauptstadt von Rheinland-Pfalz heißt Bitburger!

Jünemann: Insofern müsste der Ministerpräsident dann Kurt Bitt heißen. Aber dat klingt doch doof.

Becker: Herr Jünemann, ich kann mir den Erfolg dieser Aluminiumorgie eigentlich gar nicht erklären. Man sieht doch überhaupt nicht, was man trinkt. Da könnten die einem in eine Kölschdose Altbier reintun. Dat würden Sie gar nicht merken.

Jünemann: Deshalb sag ich: Richtig, das Biergebinde muss aus Glas sein und durchsichtig.

Becker: Das Einzige, das meiner Meinung nach in ne Dose gehört, sind Erbsen. Kennen Sie doch: Bonduelle ist das famose Zartgemüse aus der Dose.

Jünemann: Und Pizzatomaten. Pflscht. Ich glaube aber, der Erfolg der Dose liegt an der speziellen Nahrungsaufnahme durchs Dosenloch, das befriedigt irgendwelche Urinstinkte!

Becker: Was ich ja gut finde, das sind diese Flaschen mit dem Porzellanverschluss. Die Stadt, wo die Verkehrssünder in die Punktekartei kommen, die haben so Flaschenbier. Wenn Sie das aufmachen, das macht immer: Pflump!

Jünemann: Herr Becker, die beste Lösung für die Umwelt wäre aber weder Pfandflasche noch Einwegdose.

Becker: Sie meinen, gar kein Bier trinken?

Jünemann: Nein! Man muss sich nur an den umweltfreundlichen Energiequellen orientieren, wie zum Beispiel Erdgas, das kaufen Sie doch auch nicht in der Dose!

Becker: Wie, Sie meinen eine Pils-Pipeline in jeden Haushalt?

Jünemann: Ja, dat wär doch nicht schlecht. Frisch gezapft schmeckt sowieso am besten!

Becker: Dann kann man aber gleich drei oder vier Leitungen legen: Pils, Kölsch, Alt und alkoholfrei.

Jünemann: Vor allen Dingen erfahren Sie auf diese Art durch die Rechnung ganz genau, ob sie alkoholgefährdet sind oder nicht. Da haben Sie ja, wenn Sie jede Dose einzeln kaufen, gar keine Kontrolle drüber!

Becker: Dat stimmt. Dann sehen Sie auf der Rechnung: Boh, hab ich wieder gesoffen!

Jünemann: Ich sag et Ihnen, hätte der Christoph Daum dat Kokain durch die Leitung gekriegt, wär ihm dat Problem viel früher aufgefallen!

Becker: Ja, und dann hätte der auch nicht so'n Pech mit seinen Haaren gehabt!

Frühstückspause

03.11.2000 Light-Kultur

Becker: Herr Jünemann, wat essen Sie denn da?

Jünemann: Fettreduziert, Herr Becker! Dieser Käse hat nur noch halb so viel Fett. Jetzt sind Sie dran!

Becker: Dat is wahrscheinlich diese Light-Kultur. Käse, Bier, Fett, Zigaretten, alles ist light. Ich bin et ja so leid.

Jünemann: Dat hat der Friedrich Merz aber, glaub ich, nicht gemeint.

Becker: Obwohl, der redet viel Käse.

Jünemann: Und er kommt ja aus dem Sauerland, und da ist ja wirklich viel Leid.

Becker: Herr Jünemann, tut mir Leid, dass ich das jetzt sagen muss, aber Sauerland, das ist ja keine Landschaft, das ist ein Zustand.

Jünemann: Das merkt man dem Friedrich Merz auch so'n bisschen an.

Becker: Das ging ja schon damals los mit Heinrich Lübcke.

Jünemann: Stimmt: »Meine sehr verehrten Damen und Herren, liebe Neger.«

Becker: Ja, da war doch die Deutsche Leitkultur schon angelegt.

Jünemann: Es gibt Monokultur und Multikultur, und in der Natur ist Monokultur meist blöd.

Becker: Im Sauerland zum Beispiel, da sind ja diese öden Fichtenmonokulturen sehr verbreitet.

Jünemann: Eben: Da muss ein Wind kommen, bratsch!, liegt da alles brach.

Becker: Und was die meinen mit Leitkultur, das sind doch Selbstverständlichkeiten: Grundgesetz, Gleichberechtigung von Mann und Frau …

Jünemann: Na klar, an die Gesetze müssen sich hier doch sowieso alle halten.

Becker: Und ob jetzt der türkische Ehemann seiner Frau beim Abwasch hilft, dat kann der Staat doch nicht mit Waffengewalt durchsetzen.

Jünemann: Nö, das schafft er ja beim deutschen Mann auch nicht. Da muss die Frau schon selber für sorgen.

Becker: Unter Umständen muss die Moslemfrau mi'm Kopftuch dem Mann die Kalaschnikow an die Schläfe halten und sagen: Du abwaschen!

Jünemann: Was kann denn der Staat da schon machen? Er kann vielleicht durch ein spezielles Förderprogramm bei frauenfeindlichen Religionen Spülmaschinen subventionieren.

Becker: Das Kölner Generalvikariat hat schon eine.

Frühstückspause

10.11.2000 **Gore-tex**

Becker: Herr Jünemann, die Demokraten in USA wollen ja offensichtlich das Ergebnis der Wahlen anfechten.

Jünemann: Ja, dat is aber auch teilweise Kraut und Rüben, da werden ja Sachen erzählt …

Becker: Da hat man den Schwarzen erzählt, dat Wahllokal hätte schon zu, die Stimmzettel seien alle, und die Urne ist voll.

Jünemann: Also wie bei uns im Esslokal, da heißt es abends auch oft: Bratschluss! Gibt nichts mehr zu essen.

Becker: Da können Sie dann höchstens noch ne Frikadelle wählen.

Jünemann: Oder ein paar trockene Erdnüsse.

Becker: Den George Bush nennen sie ja in Amerika »leerer Anzug«. Und ausgerechnet in dem Bundesstaat, in dem der Bruder Gouverneur is, sind die Unregelmäßigkeiten so regelmäßig.

Jünemann: Ja, da muss ja wohl in manchen Wahlbezirken gar nicht richtig klar gewesen sein, welches Kreuzchen zu welchem Kästchen zu welchem Kandidaten gehört.

Becker: Amerika ist ja noch ne sehr junge Demokratie, dat müssen die auch erst lernen.

Jünemann: Dann müssen die dat eben noch mal machen.

Becker: Dat is wie mit den Menschenrechten, da nehmen die es ja auch nicht so genau.

Jünemann: Der George Bush Junior, der hat ja in Texas in seiner Amtszeit als Gouverneur 170 Todesurteile vollstrecken lassen.

Becker: Dat kann ja normal gar nicht sein. 170 Todesurteile. Aber dat is wahrscheinlich derselbe Fall wie mit den Kästchen auf den Wahlzetteln, dat da irgendein Justizangestellter nicht mehr genau wusste, welches Kästchen zu welcher Strafe gehörte, da kommt es ganz einfach zu Fehlern.

Jünemann: Sicher. 170 Todesurteile, in einem einzigen Bundesstaat, das kann doch eigentlich gar nicht sein. Wahrscheinlich haben die alle nur falsch geparkt.

Becker: Gut möglich, alles Falschparker. Wobei ich denke, dass viele Amerikaner das gar nicht mal so falsch fänden: Halteverbot – Rübe ab.

Jünemann: Dann werden die sagen, dass seien ja alles Rückfalltäter. Wer einmal ne Knolle hat, kriegt meistens wieder eine, da gibt's keine Heilungschancen.

Becker: Ja, stimmt ja auch. Da versagt das Erziehungsprinzip Bußgeld.

Jünemann: Aber wissen Sie was, Herr Becker, ich seh dat noch kommen, dat dem Bush am Ende genau 170 Stimmen fehlen.

Becker: Wieso?

Jünemann: Genau die Stimmen der Leute, die er hat umbringen lassen.

Becker: Das wäre natürlich gerecht. Aber wie ich den Bush kenne, hat der sich vorher noch per Briefwahl von denen wählen lassen.

Jünemann: Kann sein. Dat Ding heißt ja auch Wahl-Urne.

Frühstückspause
24.11.2000 **Forensische Klinik**

Becker: Herr Jünemann, haben Sie eigentlich jetzt auch eine Forensische Klinik im Vorgarten?

Jünemann: Nee, Gott sei Dank nur ein Atomkraftwerk.

Becker: Joo?

Jünemann: Nee, Quatsch, aber der Bürgerprotest ist ja fast vergleichbar.

Becker: Nur, aus der Atomkraft kann man aussteigen.

Jünemann: Aus so Kliniken kann man ausbrechen.

Becker: Ja, aber die müssen ja sein, irgendwo müssen die kranken Straftäter ja hin.

Jünemann: Ja, aber doch nicht bei mir um die Ecke. Münster von mir aus.

Becker: Nee, da kenn ich einen, der hat Kinder, dat geht nicht.

Jünemann: Dann Herne-Wanne Eickel.

Becker: Nee, dat geht auch nicht, da kenn ich welche, also da können Sie keine psychisch Kranken vor die Tür setzen. Das gibt Proteste.

Jünemann: Düsseldorf, dat wär mal ne Idee.

Becker: Da is ja die Landesregierung, die sind schon genug geschlagen. Düsseldorf ist nicht vorgesehen, dat geht auch nicht.

Jünemann: Ja, wo sollen Sie denn hin?

Becker: Ejal wo, aber nit bei uns vor die Tür.

Jünemann: Ich frag mich immer, wie würd denn die Wirtschaft das Problem lösen?

Becker: Dat kann ich Ihnen sagen: Autobahnen.

Jünemann: Häh?

Becker: Die Wirtschaft tut alles, wat denen im Weg ist, auf die Straße. Das hören Sie doch jeden Tag, die Staumeldungen, die sind schon so lang, dass die die gar nicht mehr alle vorlesen.

Jünemann: Dat is richtig, die Wirtschaft hat ihr Lager auf die Straße verlagert. Weil, die Straßen sind umsonst, und es beschwert sich ja auch keiner. Da können Sie den schlimmsten Giftmüll hin und her karren, solange der unterwegs ist, ist das dem Anwohner egal.

Becker: St. Florian ist ohne Not, solang the Danger is on the Road.

Jünemann: Sagt man ja auch: Gefahr gut Transport. Solange sie transportiert wird, ist die Gefahr gut.

Becker: Aber sobald Sie das abladen, geht der Protest los. Selbst wenn Sie die Triebtäter in einen Salzstock täten, wär der Anwohner mit Blockaden auf der Matte.

Jünemann: Kann man ja sogar verstehen, deshalb lass uns das so machen wie die Wirtschaft: forensische Transporte. Therapie gegen Triebstau im Stau. Im Gefängnisbus zwischen Höxter und Monschau.

Becker: Da fahren die dann immer hin und her. Das nennt man Hospitalismus.

Jünemann: Und vor allem, wenn die durch die Gitterfensterchen aus ihrem Bus rausgucken und sehen das ganze Elend da im

Stau, jeder einsam und allein in seiner Blechkiste, dann wollen die da gar nicht mehr raus.

Becker: Da sagen die sich, mach ich mir lieber nen Lenz in der Forenz. Der Weg ist das Ziel.

Jünemann: Lieber ne gestörte Persönlichkeit im Bus als ne zentral verriegelte Existenz am Kamener Kreuz.

Becker: So, da haben wir doch wieder ne Lösung gefunden: Und jetzt bitte der Verkehrshinweis.

Frühstückspause

01.12.2000 Tiermehl

Becker: Herr Jünemann, ich hab ja als Kind immer schon Wilhelm Busch gelesen.

Jünemann: Seht einmal, da steht er, garst'ger Struwwelpeter.

Becker: Quatsch, dat is doch nich Wilhelm Busch, das ist Walt Disney.

Jünemann: Quatsch, Walt Disney is Dino Saurier, jetzt im Kino.

Becker: Ich mein jedenfalls, als Kind, da hab ich Max Frisch gelesen.

Jünemann: Meine Name sei Gantenbein.

Becker: Hühnerbein. Verdammt noch mal, Sie bringen mich ganz durcheinander. Das war nicht Max Frisch, das war Wilhelm Busch.

Jünemann: Lassen Sie mich raten, Hühnerbein, dat kann nur Max und Moritz sein.

Becker: Genau, Max und Moritz habe ich immer so gerne gelesen, weil, dat war auch so schön gemalt …

Jünemann: Nur am Schluss, da wurd das so grausam.

Becker: Da wurden die gemahlen: Ricke racke geht die Mühle mit Gekracke. Und dann lagen die Pellets da unten rum, und dann haben die Hühner das gegessen, und da hab ich damals schon gedacht: Dat is doch Wahnsinn!

Jünemann: Und heute sehen wir: War wirklich Wahnsinn.

Becker: Ab morgen ist das verboten.

Jünemann: Herr Becker, dat is wirklich doll, wat Sie damals als Kind schon für nen Weitblick hatten. Soll ich Ihnen wat sagen? Derselbe Fall bei mir. Ich hab damals schon gesagt: Das ist Wahnsinn, Hühner essen doch gar kein Fleisch, die sind doch Vegetarier.

Becker: Ach Vegetarier, die Hühner, dat sind sogar Veganer, die essen nämlich auch keine Eier, obwohl sie da ganz preisgünstig rankämen.

Jünemann: Der Mensch ist ja auch ein Tier. Man kann wirklich sagen, der Wilhelm Busch, der hat das Tiermehl damals erfunden.

Becker: Aber nur gemalt. Der hat das als Ironie gemeint. Als Witz. Als Satire und nicht für Tiere.

Jünemann: Aber die Arschlöcher von der Fleischindustrie verstehen ja keinen Spaß, die nehmen das alles Ernst.

Becker: Für die ist Wilhelm Busch ne Bibel für Eiweißproduktion.

Jünemann: Aber jetzt, da geht's der Fleischindustrie wie dem Lehrer Lämpel: Bautz, da geht die Pfeife los mit Getöse riesengroß.

Becker: Ritsche ratsche voller Tücke in die Nahrungskette eine Lücke.

Jünemann: Ach herrje, herrjemine, landauf, landab kommt BSE.

Becker: Selbst bei Witwe Bolte, die das auch nicht gerne wollte.

Jünemann: Nur der Biobauersmann dachte: »Wat geit meck dat an?«

Becker: Aber vielleicht ist BSE ja auch ne Chance, dass man endlich flächendeckend zu einer vernünftigen Landwirtschaft kommt.

Jünemann: Kurz, im ganzen Land herum, gibt's dann ein freudiges Gebrumm! Mmmh.

Becker: Gott sei Dank, nun ist's vorbei mit der Übeltäterei.

Frühstückspause
19.01.2001 **Fischer**

Becker: Herr Jünemann, jetzt werfen sie dem Joschka Fischer vor, dass er so ein seriöser, staatstragender Außenminister ist und früher ein randalierender Straßenkämpfer war.

Jünemann: Tja, ist doch besser als umgekehrt.

Becker: Eben! Beim Westerwelle, da ist es umgekehrt. Der war früher brav und ist heute gegen den Staat.

Jünemann: Wie?

Becker: Na, das sind die neuen Staatsfeinde, die heute rufen: Staat hau ab, das macht alles die Wirtschaft.

Jünemann: Der Staat soll sich zurückziehen, das regelt alles der Markt.

Becker: Und daran merkt man, der Westerwelle, der hat dat eben früher nicht gehabt, man muss ja mal gegen den Staat sein, gerade in der Jugend. Auch gegen die Staatsgewalt, man muss gegen das Elternhaus opponieren. Gegen das Establishment.

Jünemann: Aber dat hat der Westerwelle nie gehabt. Der ist ja auch zu Hause nie ausgezogen. Hat der neulich bei Biolek erzählt, der wohnt im Grunde heute noch bei Papi.

Becker: Ja, der Westerwelle, der hatte ja keine Jugend, der hatte Akne. Und daher kommt auch bei der FDP die Aversion gegen den Sozialstaat, die können einfach keine Mitesser mehr sehen.

Jünemann: Und dat is eben auch der Punkt, diese aalglatten Karrieristen – Westerwelle, Merz und Möllemann, die wundern sich jetzt, dass jemand wie Joschka trotz seiner Vergangenheit der beliebteste Politiker Deutschlands ist.

Becker: Dabei ist das doch gerade der Trick. Obwohl der damals so'n wilder Mann war, der auch hinlangen konnte, ist der heute so ein erfolgreicher Außenminister, und das imponiert den Leuten. Der heimgekehrte Sohn, kennt man doch aus der Bibel.

Jünemann: Ach sicher: Das ist doch schon seit mehreren tausend Jahren so – Saulus, Paulus, Jesus, bei interessanten Leuten verläuft das Leben eben nicht geradlinig.

Becker: Nein, dat gekurvte Leben ist doch das, was die Spannung ausmacht.

Jünemann: Und deswegen behauptet der brave Milchbubi Merz aus Brilon, er hätt auch ne wilde Jugend gehabt, er hätte nämlich lange Haare gehabt und ein Moped.

Becker: Ich hab das doch bei Beckmann gesehen, da haben die mal nachgefragt in Brilon, der war so brav wie Hanni und Nanni zusammen.

Jünemann: Und dann noch dazu die kenntnislosen Sätze von Angela Merkel in der Debatte. Au, dat war peinlich. Joschka Fischer mag ja arrogant sein, aber, Herr Becker, Frau Merkel ist mir einfach eine Spur zu unintelligent.

Becker: Aber auch das beweist wiederum die These, dass das Ungewöhnliche das Interessante ist, obwohl die so ne unbeleckte dumpfe Nuss ist, ist sie trotzdem CDU-Vorsitzende.

Jünemann: Ja! Dat imponiert den Leuten.

JÜRGEN BECKER UND WOLFGANG SCHMITZ

SONST LANDEST DU IN DER GLOSSE
EIN RHEINISCHES TAGEBUCH

Herausgegeben von Gabriele Balkhausen

Broschur, 142 Seiten

Freitags wird in Köln die Zeitung von hinten gelesen. Denn dann macht die Welt Station »Beim Becker«. Und das Publikum ist jedes Mal aufs Neue gespannt, wer dieses Mal aus dem unerschöpflichen Bestand rheinischer Helden und Schurken, Zwielichter und Halbgötter, Strippenzieher und Streithammel in der Glosse gelandet ist. Angesichts der Zumutungen an Dreistigkeit, Dummheit und Eitelkeit, die uns die Bedeutungsträger aus Politik und Wirtschaft, Kirche und Kulturbetrieb im rheinischen Köln täglich bieten, sind Spott und Schadenfreude oft das einzige, was dem Publikum als Entschädigung bleibt. Und davon gibt's reichlich in Beckers pointenreicher EXPRESS-Reinigung, wo sich Antwerpes und Meisner, Blum und Burger, Millowitsch und Milosevic, Schumi und Schröder, BAP und Höhner, FC, KVB und GEW treffen.

HANNS DIETER HÜSCH

ESSEN KOMMEN
GESCHICHTEN UND REZEPTE AUS DEM RHEINLAND

Gebunden, 128 Seiten

»Meine kleinen Familienerinnerungen sind zeitlos, denn Essen und Trinken halten nicht nur Leib und Seele zusammen, sondern sind auch unser aller Labsal im Lauf eines langen Lebens.«

(Hanns Dieter Hüsch)

Hanns Dieter Hüsch präsentiert in diesem Kochbuch »rheinische Rezepte«, verbunden mit Erinnerungen an seine Kindheit und Jugend, sowie Anekdoten aus dem Rheinland.

KIWI Köln